東海道ふたり旅

道の文化史

池内紀

春秋社

東海道ふたり旅——道の文化史

目次

東海道ふたり旅——道の文化史

◆日本橋
①品川
②川崎
③神奈川
④保土ヶ谷
⑤戸塚
⑥藤沢
⑦平塚
⑧大磯
⑨小田原
⑩箱根
⑪三島
⑫沼津
⑬原
⑭吉原
⑮蒲原
⑯由比
⑰興津
⑱江尻
⑲府中
⑳鞠子
㉑岡部
㉒藤枝
㉓島田
㉔金谷
㉕日坂
㉖掛川
㉗袋井

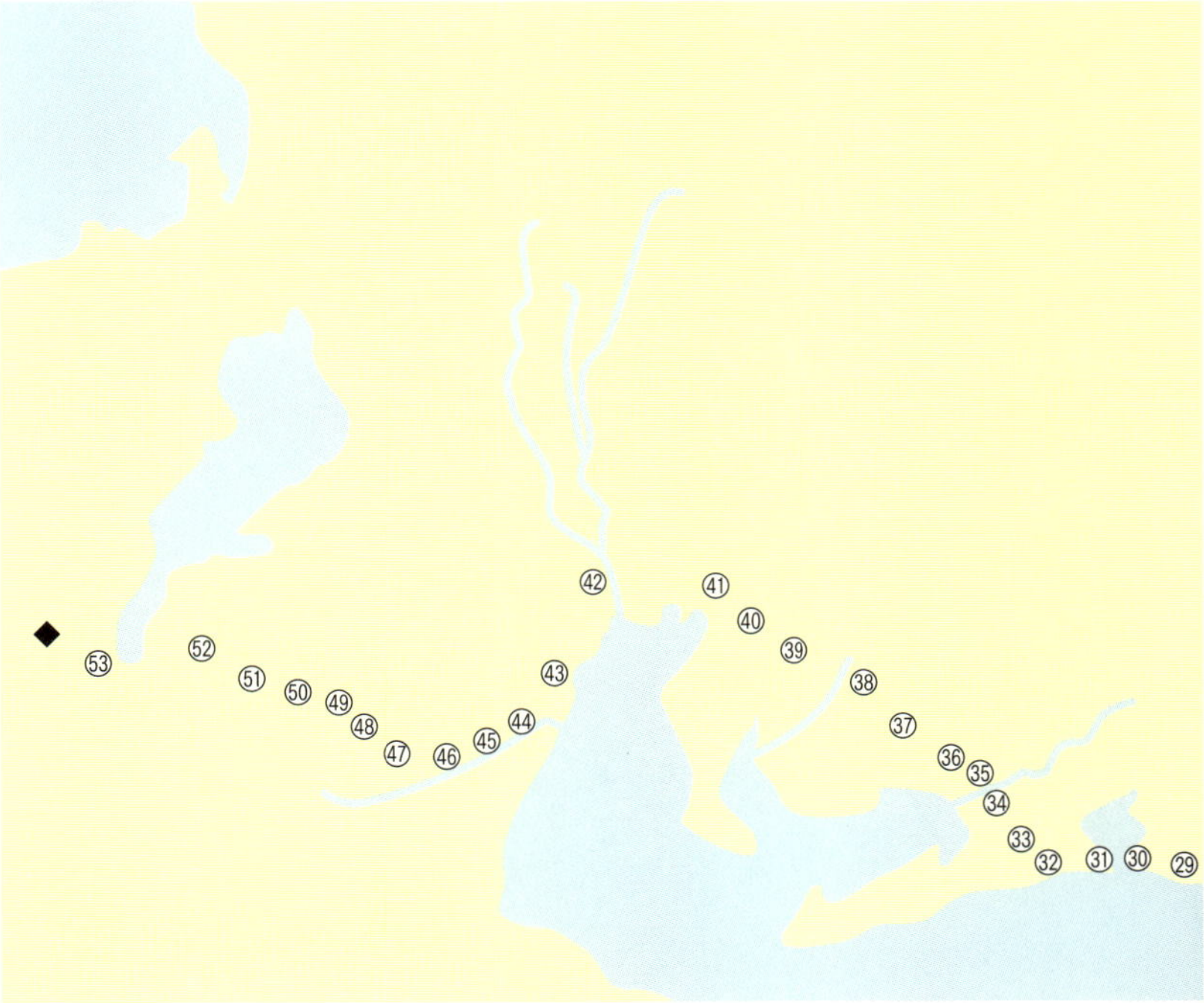

㉘ 見附
㉙ 浜松
㉚ 舞坂
㉛ 新居
㉜ 白須賀
㉝ 二川
㉞ 吉田
㉟ 御油
㊱ 赤坂
㊲ 藤川
㊳ 岡崎
㊴ 池鯉鮒
㊵ 鳴海
㊶ 宮
㊷ 桑名
㊸ 四日市
㊹ 石薬師
㊺ 庄野
㊻ 亀山
㊼ 関
㊽ 坂ノ下
㊾ 土山
㊿ 水口
51 石部
52 草津
53 大津
◆ 京

おことわり

◆江戸・日本橋をふりだしにして西に向かうのを「京のぼり」といった。逆は「吾妻くだり」である。ここでは京のぼりのコースをとっている。

◆日本橋を一番として京のあがりを五五番とする数え方もあるが、ここでは品川宿を一番として五三宿を数えている。

◆広重の五十三次シリーズはいくつもあるが、ことわりのないかぎり、ここでは保永堂版をさしている。なお主だった三シリーズ成立年は次のとおり。

保永堂版　天保五年（一八三四）
行書版　　天保一三年（一八四二）
隷書版　　嘉永二年（一八四九）

日本橋——ふりだし

日本橋は長らく橋であって橋以上のものだった。ちょうど富士山が山であって山以上の何かであるように。そして富士山がくり返し歌にうたわれ、絵に描かれてきたように、日本橋もまたさまざまに歌われ、美的舞台になってきた。日本橋の三井記念美術館で「日本橋絵巻」展が催されたとき、一七世紀の「江戸名所図屏風」に見る日本橋をはじめとして、八〇あまりの日本橋が勢揃いした。なかにはベルリンから「里帰り」した日本橋もあった。もっとひろく求めたら、数百の日本橋が居並んだはずである。

関ヶ原の戦いを制した徳川家康は、慶長八年（一六〇三）、江戸に幕府を開設。直ちに全国の交通政策一元化にとりかかった。それがあってはじめて、一国を支配することになるからだ。江戸を中心に街道を整備する。架設したばかりの日本橋を全国の里程の基《もと》と定め、主な街道に一里塚を築いていく。

実質的な作業は、その二年前から始まっていた。慶長六年（一六〇一）、関東一円の代官頭《がしら》をつとめていた伊奈忠次、大久保長安《ながやす》、彦坂元正が実務担当に任じられた。いずれも家康配下のとびきりのキレ者たちである。東海道の場合、江戸・京都間一二六里六丁一間（約四九五キロメートル）、道幅五間（九メートル）、路面は砂利と砂でつき固めること。宿場は既存の集落を利用、慶長六年、幕府は「伝馬《てんま》朱印状」と「伝馬定書」を下付。あわせて各宿場に人馬各三六の常備と労力の提供を命じた。代わりに宿場は、土地税にあたる「地子」が免除される。そんな経過から、高札場に掲げられた最初の高札は「伝馬定書」だったと思われる。

翌年には中山道や奥州道中に同様の駅制を実施。慶長八年の下町埋め立て完了とともに日本橋が架橋され、翌九年、これが五街道の起点となった。

五街道とは、東海道、中山道、甲州道中、日光道中、奥州道中の五つである。日光道中は幕府成立のころは奥州道中の一部だったが、家康の遺骸が日光山に葬られて以後、日本橋から日光までを日光道中、宇都宮から分かれて北へ向かう道を奥州道中と称するようになった。

日本橋を起点にして四方へのびる道路網ができたわけで、現在、都心から放射状にひろがる道路体系の最初の基本が定まった。さらに四宿《ししゅく》といって、それぞれの街道の第一宿から分岐する道があった。品川宿からだと池上本門寺へ向かう池上道、板橋からだと川越へいたる川越街道、甲州道中の内藤新宿からは青梅へのびる青梅街道、千住からは水戸・佐倉とつなぐ水戸・佐倉街道、いずれも多くの人の往来する重要な道であって、その広範なネットワークの中心に

「日本橋　朝之景」

日本橋が位置していた。
日本橋を描いてもっとも有名なのは、歌川広重のデビュー作「東海道五十三次」シリーズのトップを飾る「朝之景」だろう。南の木戸から橋を正面にとらえた構図で、左に高札場、右は木戸に隠されているが罪人のさらし場だった。高札場は石垣の上にあって、まわりを木の格子でかこってあった。幕府の法令や政策、道徳などをしるした高札が、常時七、八枚、掲げてある。

橋の北詰めには、「日本一威勢がいい」といわれた魚河岸で、広重では、仕入れてきた江戸前の鮮魚をたらいに入れた棒手振り《ぼてふ》（行商人）が、いましもそれぞれのお得意筋へと向かうところ。橋には擬宝珠《ぎぼし》が見える。江戸では幕府とかかわる公儀橋はべつとして、京橋、新橋と日本橋にだけ許された「格の高い橋」のしるしだった。

おりしも帰藩する大名一行が橋を渡ってきた。先頭は先箱《さきばこ》持二人、白熊《はくま》槍持二人、白鳥槍持一人、うしろに打裂羽織《ぶっさきばおり》を着た徒士《かち》がつづく。背後に火の見櫓《やぐら》と朝焼けの空。俗謡のいう「お江戸日本橋七つ立ち」、しらしら明けの午前四時ごろで、本来なら提灯をともしての旅立ちだった。歌のいうとおりで、「行列そろえてあれわいさのさ、こちゃ高輪夜明けの提灯消す、こちゃえこちゃえ」。

魚市場は慶長年間に森久右衛門という者が、上納後の魚を売りさばくため、日本橋本《もと》小田原町に店を開いたのがそもそもの始まりとされている。当時のことで肉類といったものがなく、魚と野菜が食物の代表だった時代である。たちまち日本橋の魚市場と、神田の青物市場が江戸を代表する市場となった。同じ広重の別の東海道シリーズの日本橋は、二人の女が渡し舟から河岸に下りたったところで、すぐうしろに二人を運んできた猪牙舟《ちょきぶね》が見える。大きな荷を積んだのは高瀬舟で、川岸に並んで蔵屋敷へ荷物を運ぶところ。水辺を埋めるようにして無数の舟が見え、界隈の賑わいを伝えていた。

天保五年（一八三四）刊行の『江戸名物図会《ずえ》』の「日本橋魚市」には、喧噪をきわめた市のもようが、あざやかに絵解きされている。すでに市場の仕組みがすっかりととのっていたようで、押送船《おしおくりふね》で各漁場から運ばれてきた魚は、平田船（艜船）を浮き桟橋にして、船上で仕分けをした。問屋は納屋持ちから借りた納屋に魚を納め、仲買《なかがい》に販売を委託する。仲買は板舟持から売り場を借り受け、小売り、料理屋、棒手振りなどの買出人に販売する。その場で受け渡しをするのではなく、買付けをすませた買出人が汐待《しおまち》茶屋で一服していると、「軽子《かるこ》」という場内運搬人が注文の魚をまとめて届けてくれる。

そのほかにも車曳《くるまひき》に立ちん坊とよばれたアルバイトが待機していた。買出人の荷を預ったり、止宿させた棒手茶屋が日本橋だけで三〇〇軒を数えた。大江戸・大台所の繁盛ぶりがうかがえるのだ。

日本橋本町、日本橋室町、日本橋浜町、日本橋馬喰《ばくろ》町、日本橋小舟町、日本橋小伝馬町など、いまにのこる町名が、日本橋魚市場のまわりに生まれた町並みをつたえている。日本橋小網町、日本橋人形町、日本橋堀留《ほりどめ》町、日本橋大伝馬町……。日本橋より数町四方、東は両国川、西は外濠、北は筋違《すじかい》橋、神田川、南は新橋。そこは川や堀に囲まれた水辺都市であって、狭いところに大人数が住んでいる。おのずと長屋が発達した。長屋の共同生活が独特の下町気質をはぐくんだ。いわゆる「江戸っ子気質」であって、初鰹が大好き、宵越しの金は持たず、世の不正には黙っていられない――。

そういえば落語でおなじみの人物は、おおかたがこのエリアとかかわりあって登場する。「百川《ももかわ》」では、日本橋浮世小路の料理茶屋百川にとびこんできた百兵衛が笑いの主人公だった。「寝床」に語られている義太夫狂いは日本橋の大店《おおだな》の主人だし、「御神酒徳利《おみきどっくり》」で活躍する即席の占術師は、日本橋馬喰町の旅籠の番頭だった。「魚河岸の問屋魚久《うおきゅう》の若い者《もん》」というだけで、どんなタイプか、まざまざと目に浮かんでくる。魚河岸の休みは元日だけで、初詣をしたあくる日が初売り。正月二日目から日本橋は人でごった返した。

広重はデビュー作で人気を得てから、いくつもの道中画シリーズを手がけた。二匹目のドジョウを狙った版元にせき立てられてのことだが、東海道だけで総計四一八景。通常は二作目以後、ガクンと質が落ちるものだが、広重の場合、いたって駄作が少ない。つねにテーマ、構図、作画、人物描写などに工夫をこらしたからだろう。本来なら威容を誇る城に、わざわざ足場を描きこんでドキュメントとしての絵柄に仕上げたこともある。「朝之景」にしても、再刻図の新版木では、朝焼けの空に雲をなびかせたり、「行列振出」とタイトルをかえて、橋詰めに町人を並ばせた。

行書東海道と呼ばれるシリーズでは、一転して北からのながめになっており、橋上の旅人は手に提灯をもっている。橋のたもとには三人のグループにお伴の荷運びがつきそっていて、これからやおら長い旅路へと踏み出すところ。絵では明けそめた風景になっているが、実際は空が白みだしたばかりで、辺りはまだ闇につつまれ、提灯の赤い明かりがチラチラ動いているといった情景だったにちがいない。

さらに別の隷書東海道では、すっかり明けた早朝のシーンで、人物見本帳のように種々の人が見える。槍持を従えた武士の一行、棒手振り、樽運び、ザルをかついだ職人、風呂敷包みを捧げもつ番頭、背中に小荷物の小僧、朝帰りの遊び人。河岸にはズラリと蔵が並び、小舟が忙しく往き来している。居並んだ女たちは、はたしていかなる役まわりの者たちなのか。

狂歌にいわく、

日本橋たゞ一すぢに都まで
遠くて近きはるかずみかな

橋の下には荷を積んだ高瀬舟が岸辺にぎっしり並んでいる。その橋の上を、いままさに大名行列が渡っていく。いずこの藩かわからないが、ここに東海道五十三次の旅が始まる。

生涯に数かぎりなく引っ越しをした北斎とちがって、広重はほとんど越さなかった。終生の住居は東海道京橋手前の東側裏の大鋸町。「江戸切絵図」の「八町（丁）堀霊岸嶋日本橋南之絵図」大鋸町には、小さく「画廣重」とある。いかにもいいところに住んでいた。江戸と京都、そして大坂をむすぶ東海道は日本橋をスタートすると南へ向かい、京橋、銀座、新橋を通り、そのあと増上寺周辺の寺町を抜けて高輪の大木戸にいたる。居ながらにして大江戸の賑わいとさまざまな旅立ちのもように立ち会うことができた。

日本橋の栄華は三二〇年。大正一二年（一九二三）の関東大震災によって魚市場全壊。それまでくすぶっていた築地移転が一気に進んだ。篠田鉱造の『明治百話』は魚市場の移転のあと、火の消えたような裏町になってしまった界隈を語っている。わけ知りがグチっているように、「全く日本橋くらい変ったところはありゃアしねエ」のだ。

首都高速道路の下の見るかげもない日本橋は、現在に見る通り。

昭和三七年（一九六二）一二月、首都高速一号線は京橋—芝浦間が開通。翌年、全線が開通した。新聞は全線開通を小さく伝え、日本橋—呉服橋の上をスイスイ走る車の列の写真をつけた。そんな報道ぶりからも、ここに日本の名だたる橋が消滅したことを、誰も何とも思わなかった。以来、日本橋は橋であって、橋以下のものになり果てた。

道路元標は北詰め西側の小さな花壇に移され、かわりに「日本国道路元標」と鋳込んだタテヨコ五〇センチの銅板が道路のまん中に埋めこまれた。むろん、そんなことは誰も知りはしないのだ。車のタイヤがことなげにつぎつぎと元標を礫《ひ》いていく。

品川・川崎——三角技法

広重のデビュー連作には、描き方に一つの特徴がある。正面から描かず、ななめに構図を切りとることだ。そのため建物は多く三角形で示され、宿場もまた三角屋根のつらなりとしてあらわれる。その出っぱった三角の先端が宿《しゆく》の入口というわけだ。

出だしの日本橋こそ橋が正面に据えられ、朝焼けの空を背景にして大名行列が進んでくる。だが、次の品川では典型的な三角技法が使われている。日本橋を七つ立ちした大名行列は、日の出ごろに品川宿にかかる。こんどは日本橋とは反対に、行列の最後列を描いていて、両掛の荷を担った中間《ちゆうげん》が二名。手前に見える棒は、店の入口を示す棒鼻で、つづいて宿外れの茶店の列。早々と店をあけている。

棒鼻を三角の先端にして、右上がりに重なり合った三角屋根の列。左上がりに帆を張って出航していく廻船。ひろがった三角の上半分に、澄んだ朝焼けの空がひろがっている。

つづく川崎では六郷川の渡しが対岸に着くところ。旅慣れた商人らしいのが、舟尾に突っ立

「品川　日之出」

ってタバコをふかしている。渡しが三角の先端であって、かなたに三角屋根のかたまりが見える。荷をつんだ馬や、道中合羽の旅人が待ちかまえており、渡船場自体が三角形の先っぽにあたる。

　神奈川、保土ヶ谷もほぼ同じ構図になり、戸塚に至って左上がりの対角にかわった。これと向き合うかたちで茶店の三角が突き出している。その店先の床几《しょうぎ》を足場にして、旅人が馬の背からとび下りるところだ。

　右上がりと左上がりが組み合わされると、「く」の字、あるいは「逆く」の字のかたちになる。沼津では逆くの字の道を、巡礼の母子と大きな天狗の面をせおった金毘羅《こんぴら》道者《どうじゃ》が歩いていく。吉原では松並木が同じように屈折したなかを、「三宝荒神」と称された三人乗りの馬が行く。鞠子《まりこ》では「名物とろゝ汁」の店を正面に据えたぐあいだが、客を迎える店先は三角に仕切ってあって、構図の上では三角方式にかわりはない。

岡部では山あいの峠道が丸みをもった「く」の字を描き、日坂《にっさか》では「逆く」に逆転する。袋井の出茶屋は下向きの「く」の字の出っぱりに乗っており、二川では山並みと街道とが鋭く尖った刃先のようにのびて、両者が合わさる一点に名物「かしは餅」の店がある。赤坂では旅籠《はたご》の部屋が下向きの「く」の字に位置しており、左右のバランスをとるかね合いで中央に巨大なソテツがのびている。

三角の構図は、いくつかの効用をおびて採用されたのだろう。「五十三次」は旅シリーズであって、何としても画面に動きがほしい。まっすぐな一本道は静止しているが、「く」の字に折れ曲がると動きが入ってくる。右上がり、左上がりが遠方へと導いていく。

これはまた小さな判形に不可欠の変化を与えてくれる。海近くを行くときは、宿場と海とが二つの三角として二分できる。川はもともと右に左にうねっていくものなのだ。「く」の字の先端で街道が山あいに消えると、未知の世界を暗示するかのようで、旅ごころをそそられる。広重の旅シリーズが圧倒的な人気を保ちつづけたのは、見るうちに想像の旅へと誘いこんでくれたせいではなかろうか。

「川崎　六郷渡舟」

品川宿は江戸から二里、京へは一二三里二〇丁。こちらはウンザリするほど遠いのだ。まずゆるやかな坂があり、八ツ山橋を渡って、しばらく行くと宿の入口だ。広重では宿場役人らしいのはひざまずいているが、女たちは知らんぷりで突っ立っている。大名行列というと、街道の誰もがひざまずくように思いがちだが、一般人はわりと自由だったようだ。

法禅寺、東海寺、妙蓮寺、海蔵寺、妙国寺、海雲寺、海晏寺……品川は寺の多いところである。各宗派が出張所にあたるものを設けたせいだろう。

品川宿を出ると、旧街道の通例で、ゆるやかに道がうねっている。西をめざす旅人は、品川から川崎宿へ行くのに六郷川を渡らなくてはならなかった。今の多摩川であって、河口近くなので川幅が広い。何度も橋が架けられたが洪水のたびに流される。元禄以後は渡し舟に切り替えられた。これが、「六郷の渡し」である。

広重の描いた舟は歩行《かち》船と呼ばれ、水主《かこ》（水手）が漕ぐ。両掛け荷物のお伴をつれた人、女たちは厄除けの川崎大師にお参りに来たようだ。かなたにスックとのぞむ白い峰は、いうまでもなく富士山である。

渡しが川崎側に近づいていて、渡船場が見える。背後の小さな建物が渡船会所らしく、一人が腰をかがめて渡し賃を払っている。

渡船場を上がると、船場町で、左は川沿いに大師詣参道がのび、多くの参詣者で賑わった。

廃業したキャバレー。川崎にて

東海道は直進で、本陣が二つ、宿は七〇数件を数え、宿場としては平均的な大きさだった。万年屋の奈良茶飯、新田屋のハゼ料理が旅行者に知られていた。宿の外れの立《たて》場《ば》（休憩所）で、名物「よねまんぢう」を商っていた。そろそろ宿場役人の目の届かない辺りである。かつては繁華街だったが、人の流れが変わって、近年はややさびれぎみの通りの一角。建物のつくり、看板のロゴを、しばらくしみじみとながめていた。横長の看板をネオンサインが取り巻いていて、夜ともなれば、目まぐるしくライトが点滅していただろう。ある時代の平均的造形サンプルを見るかのようだ。今でこそ薄汚れた白壁だが、かつては夜目にも白々と浮き立ち、呼び込みの黒タキシードと似合っていたにちがいない。

あまりに変わりはてていて気づかなかったが、道路の標示を見ると、これがかの旧東海道で、少し先に一里塚の碑が見えた。芭蕉句碑もあって、「麦の穂をたよりにつかむ別《わかれ》かな」。門人との別れを詠《よ》んだそうだ。

キャバレーといっても若い人は、何の反応もないかもしれない。もしかすると、「それって何のこと?」と逆に問い返される。年配者には懐かしい。三日にあげず通った人もいるだろう。誰にも、とりわけ奥さんに言えない秘密のある人もいる。潮が引くようにキャバレーが消えていったのは、はたしていつごろのことだろう。

それははっきりしないが、キャバレー全盛期がいつだったかは、はっきり言える。昭和四〇年代である。トルコ、バー、ピンクサロン、キャバレー。盛り場といわれる界隈には、四本柱のようにして揃っていた。先の三つは風俗産業の取り締まりに応じて形態を変えたが、キャバレーに警察の手が入ることは少なかったのではあるまいか。比較的穏当な業界とみなされていたわけだ。穏当を欠くことがあっても、それはキャバレー自体ではなく、店を出てからの所行であって、個人のことがらに類する。たとえキャバレーで下準備がととのったにしても、それもまた個々人の所行――。

「社用族天国」と言ったのは、打ち合わせ、申し送り、接待などの名目でキャバレーが社用に使われたからである。会計は会社持ちで、おたのしみができる。お相手の女性をホステスと言った。どこが何用で調べたのか、昭和四一年(一九六六)のデータだが、全国のホステス総計約三五万人とある。

入口に女性の写真がベタベタと張り巡らされ、キャッチフレーズがそえられていた。

「楽しさはずむゴージャスな夜」

「かわい娘《こ》ちゃんと豪華ショー」

「貸切りパーティも好評中」

現代とちがって、あまりカタカナ表現はなかったが、「ゴージャス」がよく使われた。「華やかな」「豪華な」「豪華絢爛」がキャバレーの売り物であったせいである。実態はベニヤ板にペンキであれ、色とライトと演出でゴージャスな見かけをつくり出せる。

料金システムが複雑で、よほど場慣れしないとわからないが、その一方で時間制をとり、明朗会計をうたっていた。

お帰り9時まで

いついらしても2時間以内

1時間飲み放題ウィスキーと焼酎

早くきて、さっさといなくなる客には、定額入場料〈ホステス＋ワンドリンク＋おつまみ〉だけ。たえず時計を見ながらのおたのしみというのもあったらしい。江戸の遊郭では「線香代」といったようだが、線香の燃えつきるまでの時間制のおたのしみがあった。

こちらのキャバレーは廃業後、かなり歳月がたったらしい。場所柄は江戸のころでいうと「宿外れ」にあたり、宿場役人の目の届かないあたりに世をはばかる商売が栄えた。意味深い土地の記憶の一つともいえるのだ。

第五番宿

戸塚——茶屋の心得

広重の戸塚宿は、「元町別道《もとまち》」のタイトルで、中央に常夜燈と道標が描かれている。日本橋を早朝四時に出発すると、夕方に戸塚宿に着いた。距離にして約一〇里（四〇キロ）、東海道一日目は戸塚泊がふつうだった。橋のたもとが鎌倉街道との分岐点で、道標に「左りかまくらみち」と彫りこんであった。橋の上には振り分け荷物を肩にかけた老人が立っている。

すぐ前に茶屋があって、「こめや」の看板が下がっている。米屋兼茶屋商いとみえる。庇の下に「大山講中」「百味講」「神田講中」といった講札がつるしてある。ツアー客は宿外れの安宿を利用したのだろう。馬できた客が馬から下りるのに茶屋の床几《しょうぎ》を踏み台にしている。乗りなれない客とみて、馬子が指示したのかもしれない。杖をもった旅の女がわきから見つめている。橋の上の老人も、旅人のあやうげな動きに注意をひかれたのかもしれない。夕闇せまるひとどき、道標の前で旅におなじみのシーンが演じられている。広重の浮世絵が大人気を博したのは、哀愁をおびる風景のなかに、小さな物語が封じこめられていたからである。

「左りかまくらみち」の道標は、現在は近くの妙秀寺にあって、いつのころか上半分が欠け、「くらみち」となっている。

道標はつまり道路標識だが、古い日本の道標の特異なところは、それがしばしば庚申塚や道祖神を兼ねていたということだ。むしろ信仰石に道しるべが同居した。旅の里程が合わせて日常のモラルを教え、心の道標の役廻りをおびていた。

追分にかぎらず、街道周辺にちらばる神社仏閣や名所、名物の店へは、道標が合図をして語りかけた。けっこう距離があっても手の形をした方向指示標が何里何丁と知らせてくれる。御油宿の追分では東海道と姫街道が分かれていて、石の大きな常夜燈のわきに「ほうらいじ道」「砥鹿神社道」「秋葉山三尺坊大権現道」の三つの道標が大小まちまちに並んでいた。

街道は同時に情報の発信地であって、その結節点が茶屋である。旅人は行く道すじで、信仰や産業や地勢や風習を知ることができた。多くの人が旅日記をつけたのは、テクテク歩くなかに博物学がひそんでいるのを感じとったせいではあるまいか。茶屋の名物を食べあるくだけで、特産を生み出す土地柄がわかる。東海道に松並木はつきものだったが、これもまた幕府が予算をつけたわけではなく、宿に命じて植えさせた。松並木の世話、育成にも、いちいちこまかい指示があった。ただ幕府官僚は指示するだけで、検分にまわって手抜きを罰するといったことはなかったようだ。そのせいだろう、みごとな松並木を維持した宿場がある一方で、うっちゃ

上：「戸塚　元町別道」
左：十返舎一九『東海道中膝栗毛』五編下

らかすなかで消滅させてしまったところもある。旅人は宿場のたたずまいから、その地の財務状態までうかがいとったにちがいない。

十返舎一九のおなじみ『東海道中膝栗毛』では、尾張から近江の伊勢道に入った弥次・喜多両名が、南瓜胡麻汁《かぼちゃのごまじる》と名乗る狂歌師と道づれになり、津の入口で上方からの参宮者と出会うくだり。当時の挿絵でよくわかるのだが、土盛りした木立ちの下に先端の尖った石柱が立っていて、「是よりからす道」とある。近くの村にあった烏《からす》の宮への参道が分かれていた。菅笠をかぶり、横縞の着物に羽織姿は弥次郎と思われるが、道標を見つめているだけではなかったようだ。上に賛がついている。

正直の誓ひをたてん　牛王《ごおう》なる
からすのみやの神をおがみて

熊野の牛王宝印はありがたい誓紙として誓いを立てるときにつかわれていた。カラスは熊野の神のお使いであって、牛王には黒々とカラスのマークがついている。「からす道」の道標からカラス、つづいて熊野牛王を連想して狂歌風の賛になったようだ。道標はしばしば文芸の友にもなった。

ついでながら熊野の誓紙は、遊女が客にまことを誓うときに好んで使われた。誓いを破ると熊野のカラスが三羽死ぬとされていた。遊女の誓いが手練手管の一つであることは誰もが知るところである。道標を見つめて、男がなにやらべそをかいたふぜいなのは、おしろいをつけた「からすのみや」の手痛い思い出を噛みしめているのかもしれない。


府中（静岡）とくれば黄粉《きなこ》をまぶした安倍川餅で、街道をはさんで店が並び、その一軒では女が杵を振り上げて餅をついている。鞠子《まりこ》のとろろ汁の店は壁や天井から笠やわらじ、干魚《ほしか》が吊してある。干魚は携帯食品として売られていたのだろう。吉原は名物白酒で知られていたが、看板のわきに笠、番傘、紐などが吊るしてあって、日常雑貨を扱っていた。白酒の壺のわきに、おチョコや椀のほかに小瓶が並べてあるのは、持ち帰りもできたのだろう。

旅の必需品も扱っていたわけだ。京の手前の大津宿は琵琶湖の湖畔にあって、源五郎鮒《ふな》の茶店がほぼ正面から描かれていて、奥まった席の客が、お銚子をにぎっているのがわかる。店頭では駕籠かきがキセルをくわえて客待ち中。

名物の店のほかにも、もとより宿場にはいろいろな商いがあった。現在では旧五十三次の町々に、かつての町の姿が絵図でしめしてあったりする。紺屋、質屋、畳屋、豆腐屋などの専業職に対して、飴菓子・わらじ、味噌・醬油、米屋・小間物、荒物・醬油出店などとあるのは兼業の店である。「往来稼業」は曖昧だが、人足として何なりと旅人の注文に応じたのだろう。御状箱持、早飛脚などは公務担当で別格扱いだったかもしれない。縫針《ぬいばり》屋、按摩《あんま》、わらじ屋などは、あきらかに旅人を顧客にしていた。

だが広重「五十三次」に宿場の商売の描かれることはきわめて少ない。通過していくだけの人のシリーズのせいだが、もう一つには、江戸時代の旅行者は、ほとんど買い物をしなかったという理由もあずかっていたのではあるまいか。旅日記のうち、金銭の出納をこまかく書きとめたものもあるが、そこにうかがえるのは、泊《とまり》と泊のあいだの駕籠賃、酒手、昼食のくり返しである。駕籠賃が船賃になったり、川渡り肩車賃、あるいは船中ふとん代、渡橋《ときょう》賃に代わるだけで、異様なまでに単調な記録である。

出発に先立ち、誰もが入念に旅支度をした。衣類、頭巾、雨具、笠、わらじ、くし、はさみ、ビンつけ油、捻紙紐《もとゆい》、丸薬、火引《ほくち》、つけ木、扇、椀、ふきん、箸、さじ。万一のときの携帯食品として干魚、いりゴマ、トウガラシ味噌、梅干、煮豆……。『旅行用心集』といったガイドブックは「道中所持すべき薬」として熊の胆や奇応丸《きおうがん》ほか一一種をあげている。うっかり抜かりがあると、旅先でいのちを落としかねないからだ。「おくのほそ道」に出かけるにあたり、芭蕉は「瘦骨《そうこつ》の肩にかゝれる物、先《まず》くるしむ」と書いたが、旅の施設のととのった東海道でも、肩にズシリと重い旅荷を持ち歩き、たいていの必要は自前で処置をつけた。その体力がなければ長旅はできない。

街道の店屋をおおかた茶店にかぎったのは、正確な選択だった。鞠子のとろろ汁、日坂のわらび餅、掛川の湯豆腐、桑名の焼はまぐり、草津の姥《うば》が餅……。人々は茶代程度の名物をたのしんで一生の思い出とした。

ちなみに『旅行用心集』は「道中茶屋に」休むときの心得も説いている。ほんのしばらくでもわらじをぬげというのだ。疲労をためこまないのが、何にもまして大切な旅の心得なのだ。現代の海外旅行者が腰を下ろすなり靴をぬいでくるぶしを揉んだりするのは、いたって伝統に即した休みのとり方である。

第六番宿

藤沢——隠れ里

神奈川県藤沢市は、いまでこそ湘南きっての住宅地、リゾート地だが、江戸時代は東海道の宿場町兼遊行寺をいただく寺町だった。宿駅が置かれたのは慶長六年（一六〇一）で、はじめは江戸から数えて五番目、戸塚宿ができてからは六番目。日本橋から一二里半（四九キロ）。天保一四年（一八四三）の記録によると、宿内人口四〇八九人、総家数九一九軒、旅籠四五軒、本陣一、脇本陣一、やや小さめの宿駅だった。

広重では、宿の入口の大鳥居と、かたわらの境川、川向こうの遊行寺にわたる半円の本橋、かなたの山の斜面に堂塔伽藍が描かれている。橋詰めから北へ大山参りの道、南へは江の島への道が分かれていて、人通りがたえない。大きな木刀をかついでいるのは、大山参りのグループで、木刀を献奉する習わしがあった。

橋のたもとで一列になり、それぞれ背中に片手をそえているのは座頭のグループで、これから江の島弁財天へお参りするのだろう。元禄のころ、杉山検校《けんぎょう》が弁財天に念じて霊験を受け、

「藤沢　遊行寺」

鍼《はり》の秘術を感得したとつたわり、以来、座頭、盲人の聖地になった。

木橋は大鋸橋《だいぎり》といって、遊行寺の参道に入っていく。広重はかなり誇張して高台に描いているが、実際はゆるやかな斜面に建物がちらばっている。一遍上人を開祖とする時宗の総本山で、正式には清浄光寺。踊り念仏で教えを説いたのだから、当時としてはモダンダンスを取り入れた革命的な布教だった。

大鋸橋は現在は遊行寺橋と名がかわっている。旧宿を巡るつもりで歩きかけたら、ちょっとおシャレな店に目がとまった。フランスのブランドものながら、高価な最新モードではなく、やや古い。

「フランス古着　量り売り（8円〜／1g）」

一着いくらではなく、目方ではかってグラムで売るというのだから、スゴイはなしだ。「バーゲン半額」のビラもあって、商品放出、安売りのお買い得。なにやら懐かしい気がしたのは、パリの郊外町へ友人を訪ねたとき、まさにこのタイプの洋品店を見かけたからだ。ショーウィンドウの飾りつけもそっくり。安売りの一方で、とびきりのお買い得もそなえており、その品目は小さな掲示板にしるして立てかけていたが、ここでも同じ方式のようだ。看板に Fripe & CO. とある。フランス語のフリペは「しわくちゃ、よれよれ」の意味だから古着商、古着取引の店であって、となれば古書店のゾッキ本と同じく、古着をまとめて目方で売ってもフシギは

グラム売りの古着屋

ない。めっけものがまじっていたら、おなぐさみ。花のパリの商法が、遊行寺の門前で展開されているとは夢にも思わなかった。

しばらく歩道に佇んで、向かいの店を眺めていた。湘南地方に独特の明るさが初夏のパリ郊外町の明るさに似ている。パリ郊外の住宅地は、リチギな小市民がせっせと貯金をして、念願のアパートを手に入れるところなのだ。実直で、こころやさしい人々の町であって、つかのまの情熱に身を滅ぼすような青年や、妻子ある男に恋する若い女など、決して住まないだろう。田舎でも都会でもなく、パリの流行は数日遅れでやってくる。

ひとけのない通りに、規格型のアパートが立ち並んでいた。小公園をはさんで、つつましやかな一戸建て。売地の看板、建築中の家、どうやって商売をしているのかわからないような店。その一つがフリペの店だった。古着であれ洗濯して丁寧にアイロンがけすれば、多少とも流行遅れにせよ、年に一度のオペラ見物に着飾って行ける。懐の不足は知恵と器用さで補えばいい。

「この辺りの唯一の贅沢《ぜいたく》は空気だね」

店の主人のひとことをよく覚えている。そういえば大気が濾過されたようにヒンヤリしていた。風が通り抜けると、並木が音を立てた――。

藤沢宿には文久二年（一八六二）版の復元図があって、本陣、脇本陣から問屋場、高札場、商店等がこまかく図解してある。藤沢市の発行による。市当局は歴史遺産に力を入れているらしく、旧大鋸橋のほとりに白壁、黒板張りの「ふじさわ宿交流館」があって、朝市、講演、資料展示と盛り沢山なイベントを用意している。歩道の標示板にも浮世絵が焼きつけてある。

それはそれで結構だが、パリ郊外とよく似た通りには、伊勢屋弥平や三浦屋源八や和田七郎右衛門の標示よりも、ひっそりと看板をかかげ、ショーウィンドウの飾り付けがちょっぴりシャレている現代のお店が似合っている。それに、もしかすると初老の身で、恋人が介在して家を出るハメになり、当地にやってきた人だっているかもしれない。湘南のパリ風隠れ住まいも悪くない。恋人の誕生日のお祝いに、古着屋で買った見つけものを、高級店の包装紙でつつんで、リボンをつける人がいてもいいのである。

平塚——飛脚について

神奈川県中部の海岸一帯を「湘南」と言うようになったのは、いつ頃からだろう。中国・湖南省《フーナン》の景勝地になぞらえたそうで、藤沢、茅ヶ崎、平塚あたりを指している。現在は東京の通勤・通学エリアに入っており、朝夕は人であふれているが、以前は夏になると海水浴客で込み合うだけで、ふだんは閑散としていた。海沿いの町はあっけらかんとして明るく、そこを湘南電車が走っている。近郊電車にかわりはなかったが、湘南電車というだけで、なにやら軽快な口笛をバックに夢をのせて、さっそうと走っているような気がした。

ひところ従妹が平塚に住んでいて、たまに銀座で食事をともにすると、きまって平塚自慢になった。町がゴタゴタしていない。道路が広く、きちんと碁盤目になっていて、いいところに市役所、学校、病院、公園などがあって、ホールや博物館や美術館もそなわっている。

「文化都市なのよネ」

海に面していて魚がうまい。背後は丘陵で、くだものが実り、野菜が豊富だ。文化に加えて、生活レベルが高い。しきりに引っ越しを勧められた。なんなら売家を見つくろっておく——。
私は海よりも山が好きな人間なので、信州の山並みにつづく中央線沿いに暮らしてきた。海辺とはまるで勝手がちがう。おすすめの件はご辞退したが、平塚には関心があった。広重の浮世絵でなじんでいる。

その「平塚」には「縄手道《なわてみち》」のタイトルがついている。田と田のあいだのうねうねした道のこと。背後にモッコリした丸い山が見える。その前方のうねうね道を上半身裸の男が走ってくる。飛脚である。宿場ごとに引き継ぎ、江戸・京都間を五日間でつないだ。ここでは下り便で、大磯で受け取って平塚へ運ぶところだ。逆に大磯へ向かう二人組がいて、駕籠を二つにたたんでいる。客にあぶれた駕籠かきで、勢いこんだ飛脚と対照的に、こちらは力ない足どり。かなたの丸い山は大磯宿の背後の高麗山《こま》である。その右に富士山がのぞき、さらに右手は「大山参り」で知られた相州大山。道ばたの標識は読めないが、「自是《これより》江川太郎左衛門御代官所東海道平塚宿」とあったはずである。

品川から数えて七番目の宿《しゅく》で、六番目の藤沢宿からは三里半（一三・七キロ）。これは五十三次に通常のへだたりだが、次の大磯宿まではわずか二七丁（二・九キロ）で、ゆっくり歩いても一時間とかからない。どうしてこんなに近いところを宿場と定めたか？

平塚には徳川家康がしばしば鷹狩りに来た。大磯側にある高麗山の東の裾野をお狩り場にし

「平塚　縄手道」

た。逗留のための御殿がつくられ、警部の陣屋が置かれた。鷹狩りはまた民情視察も兼ねていた。優れた政治家のよくやる手だが、名目をかまえて巷に出かけ、民の暮らしを見てとり、民の声に耳を傾ける。逗留用の屋敷は中原街道沿いにあって、「中原御殿」と呼ばれていた。人と物品にわたり何かと用向きがあって、そのためにも宿駅をわりこませたらしいのだ。

広重では、右手に黒っぽい林がひろがっている。その中に中原御殿があったものと思われる。飛脚は諸肌《もろはだ》ぬいで着物を腰に巻き、鉢巻をして、キリリと口を結び、勢いがいい。いま述べたとおり、大磯から平塚へは三キロたらずであって、仲間うちでは「楽隠居」などとひやかされていたのではあるまいか。長丁場の担当とちがって、とにかくこの区間はフルスピードでとばせばいい。

包みをくくりつけた棒を肩にしている。信書、ときに金銭も運んだ。いで立ちからして民間営業の町飛脚と思われる。安全のほかに速さが営業品目の一つであって、ついては「並飛脚」「早飛脚」「仕立飛脚」の三種があった。ここに見る韋駄天男は、早飛脚だろう。速足三五郎などと呼ばれていたかもしれない。

飛脚制度そのものは、律令制の駅馬のころからあった。鎌倉幕府は京都との連絡用に早馬便を用いていた。ともあれ制度として確立され、ひろく使われたのは、江戸時代になってからである。

江戸幕府は街道、宿駅の整備ぐあいを見はからっていたのだろう。寛永一〇年（一六三三）、継飛脚《つぎびきやく》給米《きゅうまい》を公布、郵便制に予算をつけたわけだ。老中発行の重要書類などを運ぶ。飛脚は「御用」の会符（身分書）や提灯を掲げて、関所であれ何であれ大手を振って通っていく。宿ごとに足自慢が選ばれたと思われるが、お上《かみ》の御用達ということで、継飛脚と呼ばれ、宿人足のなかで別格のように振舞っていた。

民間には、その前からあった。大坂の商人がはじめたもので、大坂在番の幕府役人が家来を使って江戸と交信しているのをみて、仕事を請負う。役人からすれば、金さえ払えば部下を使うまでもないので重宝である。何度も公許を願い出たと思われるが、寛文三年（一六六三）、ようやく正式の許可が下りた。この点、三〇〇年あまりのち、民間宅配制をめぐる経過とそっくりである。郵政省は業者の長年にわたる申請を、何かとイチャモンをつけて門前払いしつづけた。やっと許可が下りたとたん、民間ネットがたちまち全国にひろがり、旧制度を蹴ちらした点でも瓜二つ。

町飛脚は毎月三度、東海道を往復することから「三度飛脚」と呼ばれた。町飛脚を請負う業者が飛脚問屋である。さしあたりは信書が主な業務だったが、寛文一一年（一六七一）、大坂・江戸の問屋が協定して金銀の郵送も扱うようになり、これを金飛脚といった。問屋加入者は、当初は一一軒だった。大坂・京都・江戸を中心にして全国に郵送網がひろがるにつれ、飛脚問屋が株仲間を結成してふえていった。しだいに幕府の継飛脚や大藩の大名がもっていた大名飛脚に代わって業務をひろげていく。郵送の日限により、並飛脚、早飛躍、仕立飛脚のクラスがあったことは、先ほど述べたとおり。仕立飛脚は超特急便で、宝暦一三年（一七六三）の記録には、江戸・大坂間、七〇時間というから、ほぼ三日で継いだことになる。各地より抜きの韋駄天男がすっとんでいたわけだ。

広重は実際の早飛脚を見たことがあったのかどうか。月に三度、風のように走り去る姿は、なかなか目にとまらなかっただろう。これに対して継飛脚は、しばしば宿で見かけたにちがいない。幕府の御用をつとめるわけだが、この制度の利用資格は限られていた。

老中
京都所司代
大坂城代
駿府城代
勘定奉行
京都町奉行
道中奉行

以上、七役である。継飛脚は宿ごとに馬と人を無償で使うことができる。「定《じょう》飛脚」と呼ばれ、特有のスタイルがあった。馬の背の両脇に郵送の荷物を入れる葛籠《つづら》を取りつけ、その上に飛脚がすわる。この乗り方は「乗掛《のりかけ》」といった。すわって馬に揺られていると、風が身にこたえる。笠を目深くかぶり、布をマントのように身に巻きつけていた。

広重五十三次では、三島の朝霧のなか、山駕籠とともに乗掛の旅人が宿を出立する。腕組みして目を閉じ、半眠りのようなようす。箱根の勤務に向かう旅人というより、定まった業務の定例の早発ち風景を思わせる。

袋井の宿外れ。榎の木の下が休み所で、土盛りにむしろが敷いてあって、そこに腰を下ろし、茶を飲みながらタバコをすっているのは、家紋のある腹掛けからして、定飛脚の宰領である。通いなれた道であれば、出茶屋の女とも、客にあぶれた駕籠かきとも顔なじみ。関札にとまった小鳥を、しげしげとながめている。

四四番石薬師の宿は鈴鹿川北岸の台地上に細長くのびていた。起伏のある地形で、広重の行書版は、そこの雪景色を描いている。高台から下の家並みいちめんに雪が降りかかっている。積もった雪の中で、菅笠に蓑は当然としても膝下は何もつけていなくて、素足が痛々しい。伊勢は暖国であって、年中ほとんど雪に縁がなく、雪ごしらえといったものがなかったのだろう。

馬の脇腹に荷をつけ、乗掛の旅人は定飛脚におなじみのスタイルである。仕事と観念して黙念と馬上にすわったぐあいだ。すぐ目の下が宿であって、あとしばらくの辛抱である。

隷書版石薬師は問屋場のシーンで、荷を運びこんだ人足が汗を拭っている。馬の継立《つぎたて》、賃銀の支払いなどの事務が行われている。向かいの宿屋からは出発の旅人、うしろから挨拶をする女、宿に入ってくる巡礼の親子。そのなかに定飛脚が新しい馬に荷を積みかえて発つところだ。馬子が先に立ち、うしろは乗掛のおなじみのスタイルである。飛脚制が定着して久しく、日常の風景にとけこんでいたさまが見てとれる。

幕府御用の継飛脚が黙々とした業務であるのに対して、民間の早飛脚は威勢がいい。広重の生きた幕末ちかくは、新奇のニュースが飛びかって、情報が迅速に往き来するエポックの到来にあたる。早飛脚は時代の申し子であって、同じ飛脚でも、こちらは世の風向きを追風にしている。平塚のうねうね道を鼻いき荒く駆け通している姿にも、そんな時代の変化が見てとれる。明治維新のあと、明治四年（一八七一）、郵便制が成立。またたくまに津々浦々まで郵便制がいきわたり、近代日本の情報ネットが成立した。前近代の飛脚制度が大きな遺産としてそなわっていたからである。

もとより平塚の「縄手道」など、あとかたもない。宿の東の入口にあたる江戸口見付跡《えどぐちみつけあと》。つ

八幡山公園にある洋館（旧横浜ゴム平塚製造所記念館）

づいて脇本陣跡、宿東組問屋場跡、本陣跡、宿西組問屋場跡、西の出入口にあたるのが上方口《かみがたぐち》見付跡。

「跡」ばかりで現物は何一つ残っていない。平塚は太平洋戦争末期の大空襲で町が焼けた。旧平塚市のおおかたを占めて海軍火薬廠があったせいで、横須賀の海軍鎮守府、海軍工廠とともに帝国海軍の心臓部の一つだった。軍艦の砲塔に欠かせない火薬を製造しており、当然のことながらアメリカ軍の標的になった。昭和二〇年（一九四五）七月、B29の大編隊が雨あられと爆弾を投下、湘南の一角が一面の焼け野原になった。

こまかくいうと、明治三八年（一九〇五）、日本火薬製造株式会社が平塚に誕生。技術をイギリスから導入した国策会社である。近郊の村々が立ちのきを命じられた。ときは日露戦争さなか、国策会社とあれば、いやも応もない。

大正八年（一九一九）、日本海軍の所有となり、海軍火薬廠が発足。敷地が大きく拡大され、当時の平塚市の大半を占めるまでになった。イギリス人技術者の住宅として建てられた洒落た木造洋館が海軍将校のサロンになり、夜ごと剣を下げた制服組が出入りしていた。昭和二〇年、平塚大空襲。敗戦後、アメリカ軍が火薬廠を接収。復興にあたり、市中を区切って碁盤目の道路がつくられた。東海道も直線にととのえられ、道幅が何倍かにひろがった。だから旧宿場跡の標識は、おおよその目じるしといっていいのだろう。昭和二五年（一九五〇）、旧火薬廠敷地が平塚市や横浜ゴム株式会社などに払い下げられた。

現在の平塚市は湘南きっての文化都市である。市役所のまわりに図書館、文化ホール、博物館、美術館などがあって、全国的にも珍しいととのった町並みを形成している。市当局にはそれがご自慢だが、べつに当局のお手柄でも何でもない。旧海軍火薬廠の敷地をそっくりいただいたからで、実のところ、軍国主義の置き土産というものなのだ。

市役所の南の八幡山公園に、屋根に可愛らしい小塔をもった洋館がある。淡いピンクの木づくりで、屋根と小塔の小屋根がセルリアンブルー。西と南をテラスがとり巻いている。元イギリス人技術者の住宅で、ついで海軍将校サロンに使われた。アメリカ軍はきちんとこれだけは空襲から除外した。接収後、横浜ゴムが払い下げを受け、のちにそれを市に譲渡。現在は市民の催しや会議室として使われている。一世紀あまりのあいだの目まぐるしい変化は、近代ニッポンの慌ただしさの写し絵でもあるだろう。

浮世絵に見るような宿場風景を思い出させるものはかけらもないが、ただ一つ広重の保永堂版に見る山は今も少しもかわらない。宿の西口の見付跡に立つと、すぐ前方に丸くモッコリそびえている。

第九番宿

小田原――一九四五年八月一五日

東から小田原宿をめざす人は、酒匂川《さかわ》を渡ってしばらくすると、江戸口見付があって宿に入った。東海道は現在の国道1号とほぼかさなっていて、海沿いに西にすすみ、小田原府内の総鎮守、松原神社を過ぎてから北西に転じ、小田原城跡公園のわきからJRの線路にかかるあたりに上方口見付があって、宿の終わりにくる。大きな宿場であって、本陣、脇本陣がそれぞれ四軒ずつ、旅籠が九五軒に及んだ。

もともと北条早雲に始まる小田原城の城下町であり、諸国の商人が出入りする相模国の中心である上に、宿場がひらかれ、なおのこと発展した。すぐ前に箱根関所が控えており、東からの旅人は前夜小田原泊りで英気をやしなった。西からの旅人は難関の関所をすませ、ホッとして小田原で山越えのお祝いをした。小田原名物は外郎《ういろう》にイカの塩辛、蒲餅、提灯。土産物屋をひやかす人もいただろう。旧東海道は浜町交差点で鉤の手に曲がり、いちど国道1号と分かれるが、そのあと再び国道と重なっている。

本町と名のつくところが宿の中心だったのは、どこも同じ。古い商店が「小田原宿なりわい交流館」になっていて、お休み処を兼ねている。木組みの重厚なつくりといい、二階の出格子窓といい、いかにも大きな宿場に似合っている。ところが地図をもらって、いざ歩き出すと、旧宿らしいものは何もない。いっさいが現代そのもので、本陣跡といった標識が場ちがいにすら思えてくる。せめて松並木に囲まれた松原神社とくれば助かるのだが、特色のない町筋のなかに、さして広くもない境内が口をあけている。

小田原市が旧宿場に冷淡というのではないのである。いっさいが燃えてしまった。ほんの一日、いや半日のそのまた半分、朝の短い間に雨あられと焼夷弾が降りそそいで、江戸三〇〇年がつくりあげた趣きのある町並みを、アッというまにかけら一つのこさず灰にした。

市当局の標識がくやしげに報告している。昭和二〇年(一九四五)八月一五日朝、小田原はアメリカ軍B29大編隊の大空襲にあい、四〇〇軒にあまる旧宿はあっというまに燃えつきた。日付からもわかるとおり日本降伏の日であって、戦争は終わっていた。アメリカ軍は帰り道のお荷物とばかり、のこりの爆弾をあまさず当地に投下していった。空襲は激烈をきわめ、多くの死者が出て、ふつうならお目こぼしになるようなものも、一切合財が地上からかき消えた。

浮世絵師広重はそんな憂き世の後世を予見していたのかもしれない。賑やかな町並みにあってモチーフはいくらも得られたろうに、第九番宿小田原は、宿場そのものはきれいさっぱり無視して、東を流れている酒匂川の光景だけにした。珍しく行書も隷書も同じである。幕府は江戸防衛の名のもとに架橋せず、渡船も許さなかった。夏は水量がへって歩いて渡れたが、それ以外は賃銀を払って川越人足に渡してもらう。

突兀《とっこつ》としてそびえる箱根連山を背景にして、大きな川がゆったりと流れており、そこに豆つぶのような人影が見える。何げないシーンだが、よく見ると、川渡しのいろんなスタイルを描きわけている。何十人もがひしめきあってかついでいるのは、上級武士の乗った豪華な駕籠を運ぶ大きな連台で、「大高欄連台《だいこうらん》」と呼ばれていた。前を「水切人足」二人が先導していく。四人がかりは、通常の平《ひら》連台である。武士のお伴らしい槍持と中間《ちゅうげん》は、いちばん安価な「肩車」で運ばれていく。

対岸からも先導つきで、六人に担がれてくるのがいて、これは「半高欄連台」といった。対岸にはまた渡河を待つ人が並んでいる。川越の約束があるらしく、見守っているだけの人足たちもいる。遠くの屋根の並びが小田原宿で、その右方に難攻不落をうたわれた小田原城が見える。

箱根連山は大きいとしても、こんなに峨々《がが》とはしていないはずだが、これから山越えに向かう人には、ことのほかおどろおどろしげに見えたにちがいない。

「小田原　酒匂川」

すでに過去を失った街にあって、相州小田原名物「外郎」の店は健在である。幼いころにおみやげとしていただき、家族で食べた記憶がある。羊羹に似ているが羊羹のように甘くなく、そもそも旨いのか旨くないのかわからないフシギな食べ物だった。長じて外郎について、ひとおりのことを知って、幼いころの舌の反応に納得した。本来は妙薬透頂香《とうちんこう》の別名であって、万能薬にして、とりわけ舌の回りがよくなるクスリなのだ。

歌舞伎の早口ことば、「外郎売」でおなじみである。二代目市川団十郎が痰と咳の持病で役者生命が危ぶまれていたところ、外郎家伝来の「透頂香ういらう」により全快。感激して外郎家の固辞にもかかわらず創作・上演した。代々の団十郎が引き継ぎ、「歌舞伎十八番」の一つに数えられ、劇中の本筋と関係なしに上演される。

なにしろ小田原は本町一丁目の外郎家の紹介に始まり、外郎がどんな効能をもち、どんな効き目があるか、流れるような弁舌で舞台から宣伝するのだから、歌舞伎ならではの趣向というほかないだろう。

お店では、薬のういらうとお菓子のういろうが別物であることを、ういらう・ういろうと書き分けて断ってある。それを声に出して、ういろう・ういろうと同じように読んで首をひねっている人がいた。

箱根——やまの関所

東海道に立ちはだかる巨大な山、箱根山を越えるにあたり、幕府は元和四年（一六一八）、それまで官道だった湯坂道にかわって、湯本の三枚橋から須雲川沿いにのぼっていく新道を開削した。距離は短いかわりに坂が多い。なかでも「樫の木坂」と呼ばれる坂は約五〇〇メートルにわたり急峻で、誰の作やら歌がのこっている。

樫の木の坂をこゆればくるしくて
どんぐりほどの涙こぼれる

さらにぬかるみが旅人を苦しめた。大きな山の習いだが、年中雨がちで霧が深く、乾くことがない。雨がつづくと、脛《すね》まで泥に沈んだ。さんざんな悪評に、幕府はようやく延宝八年（一六八〇）、主だった坂を石畳に改めた。工事費一四〇〇両というから、なかなかの大工事だった。その後ようやく街道として落ち着き、相模国小田原宿から箱根峠を経て伊豆国三島宿まで約八里（三二キロ）、有名な「箱根八里の山越え」となった。

古地図には三枚橋のあと、「立バ湯本、立バはた、立バおいがたいら、名物あま酒」などとあって、難路をしのぐための休み茶屋が点在していた。そのうち甘酒茶屋は現在も営業しており、当主は一二代目とか。茅《かや》ぶきの屋根の下で昔ながらの甘酒がいただける。

最後の石畳をのぼりつめると、下りの急坂が権現坂。眼下に芦の湖が見えて、視野が一気にひろがる。足がトットと弾むところだが、次には厳しい関所が控えており、身にやましさがなくても、まっ黒な建物が見えてくると、おのずと全身が緊張しただろう。

広重の「箱根」は「湖水図」と題されて、芦の湖が文字どおり紺碧《こんぺき》の水をたたえている。これと対照的に手前の山々が異様なまでにせり上がっている。その山あいの細い道を、ひしめき合った大名行列の一行が見える。絵画技法のいう誇張にあたり「万丈の山、千仞の谷」を絵解きしたまでだが、心理的には関所を控えた土地がらでもあって、「天下の険」は垂直ちかく、どこまでもせりあがる必然性をおびている。

江戸時代を通じて、全国に計五〇あまりの関所が置かれていた。そのなかでも東海道の箱根と新居《あらい》、中山道の木曽福島と碓氷《うすい》が有名で、それだけ規模も大きかった。

遠江の新居関所は江戸と京のほぼ中間にあって浜名湖に面していた。箱根関所は、その新居

「箱根　湖水図」

関所と江戸とのほぼ中間にあり、もっとも江戸に近い。それだけ幕藩体制にとって大切な防衛拠点にあたる。だからこそいい場所が選ばれていた。箱根山中の山と湖に挟まれた狭い一点であり、周辺の山々は関所を守る要害地というもので、樹木の伐採を禁じ、繁るにまかせてあった。なかでも東側の屏風山は傾斜が急で、要所に人工の柵が設けてある。西側の湖上にも二重に柵が設置してあった。山側の高みに見張りの番所があって、夜っぴいて山々と湖面を見張っていた。さらに箱根の周囲には、根府川、矢倉沢、仙石原、川村、谷ケ村に裏関所が設けられていた。まさに水も洩らさぬ体制をとっていた。

関所担当は譜代大名、小田原藩主で、管理・運営・警固にあたる。侍五人、足軽一五人、定番人三人、これに女の旅人専任の人見女二人というスタッフだった。役人の構成は次のとおり。

伴頭《ばんがしら》
横目《よこめ》（役）
番士《ばんし》
足軽・中間《ちゅうげん》
定番人

伴頭は関所業務のトップで、二〇〇石前後の禄高の者が選ばれた。藩の中・上級クラスである。

横目は横目役ともいって、実際の現場監督であり、実務の権限を握っていた。そのせいで横柄な態度に出がちなことから、服務規定でその点につき釘を刺していた。

番士は実際の業務にあたる者。足軽は小田原藩が直接、年限を区切って雇用する武家奉公人で、無紋ながら羽織の着用を許されていた。中間は部署ごとに雇われる者で、羽織は許されない。ともに朝夕の掃除、要害地の見廻り、関所の門の管理、門番、使い番など雑務一般を受けもっていた。

定番人は箱根宿に住み、代々世襲された「買い受け役人」で、軽輩ながら関所のことはもっともよく知っている。小田原領主が交代しても次の領主へと受け継がれた。定番人の女専用にあたるのが人見女で、同じく世襲され、宿の女が勤めた。別名「改婆《あらためばば》」といわれて年寄りと思いがちだが、スタッフリストの備考に「男子出産」とあったりして、必ずしも老婆ではなかったわけだ。

定番人、人見女以外の役人は小田原藩士であり、一ヵ月交代で、年に三度、当番がまわってきた。つまり侍はたかだか年三ヵ月の勤務だった。

昭和五八年（一九八三）、静岡県韮山《にらやま》町の江川文庫で、『相州箱根御関所御修復出来形《できかた》帳』と銘打った古文書が見つかった。江戸末期に関所の建物を解体修理したにつき、その報告書である。慶応元年（一八六五）の日付。二年後に江戸幕府が解体・瓦解するとは夢にも思わなかったので、小田原藩は入念な工事をした。そして詳細なレポートを作製、伊豆の代官江川氏に提出した。おかげで箱根関所の構造物の全貌があきらかになり、箱根町が跡地の発掘調査をして、建物を忠実に復元した。その意味では、わずか二年あまりの役まわりだったにせよ、幕府の修復工事はムダではなかった。

関所には二つの入口があって、一方は「江戸口御門」、江戸方面から来て西へ向かう旅人用。もう一つは「京口御門」で、西から来て東に向かう旅人が入っていく。門前は大きく囲った形になっており、関所改めがとどこおると、流れがとまって人がたまるので「千人溜《たまり》」と言った。江戸口千人溜、京口千人溜である。江戸の役人に「サービス」といった観念はなかったから、ベンチなどなく、ようよう到着した人は、溜り水のようにたまっているしかなかったと思われる。

関所改めの実務をとる大番所《おおばんしょ》は棟つづきで、別棟は役人の宿舎にあてられていた。身分社会では足軽も一緒というわけにいかないので、べつに足軽番所があり、背後の高台に四方の監視をする遠見番所があった。ほかに高札場、威嚇用の武具を並べた道具建《だて》、厩などである。役人と足軽それぞれに雪隠《せっちん》がつくられていたが、一般用は見当らない。もとよりそんなサービスもなかっただろう。

改め役人や定番人が詰めているのが面番所で、精巧な人形が配置されている。役人の特徴や、衣服の色、模様など、くわしくはわからないので、人形は塑像にとどめ、淡いシルエットを投げかける手法をとっている。いっぽう建物に置かれていた調度品や武具などは、筆まめな役人が日記に書きのこしており、それにもとづいて復元されている。道具建には刺股《さすまた》、突棒《つくぼう》、袖搦《そでがらみ》といった猛々しい武器が、これ見よがしに立てられていた。矢場もあったようだが、年三回の当番にしぶしぶ赴任してきたサラリーマン番士が、ことさら弓や鉄砲の練習をしたとも思えない。

復元された関所には、江戸口御門の所に資料館が設置されている。展示された一つに「箱根関所高札写」がある。正徳元年（一七一一）に幕府の道中奉行から下された高札を高札場に掲げるとともに、写しを大番所に貼り出していた。それによってわかるのだが、ふつう関所は「出女、入り鉄砲」に厳しかったといわれるが、「出女」につき、箱根では「関より外に出る女はつふさに証文に引合通すへき事」とあって、証文照合は江戸方面から西へ向かう女を対象とした。ちなみに新居関所では同じ条項が、「往来の女つふさに証文に引合て通すへき事」で、両方向に向かう女が対象になっている。

さらに新居では、第五条目に「相定証文なき鉄砲ハ通すへからさる事」とあるのに対して、箱根にはその項がない。こちらでは鉄砲改めが行われていなかったと思われる。検問対象が関所ごとに微妙にちがっていた。

目的地の地名の誤記などは小さなことと思われるが、よくある誤記で前例があれば通関させたが、前例がない場合、手形の取り直しを命じられた。証文発行まで最短で五日間、旅行者は箱根宿に逗留しなくてはならない。ひどいときは一ヵ月ちかくの逗留を余儀なくされた。いかにも江戸官僚体制の最盛期にありそうなことだった。

初期箱根関所にとって最大の事件は、慶安四年（一六五一）の由井正雪《ゆいしょうせつ》の乱だろう。三代将軍家光の死に乗じ、浪人を集めて倒幕を企てたが、未然に発見され、東海道を西に逃れた。由井一行を箱根山で捕えるため、箱根、根府川、仙石原などの関所ラインに非常警戒網が張りめぐらされたが、そのとき由井一行はすでに箱根を越えていた。

風雲児由井正雪は駿府の宿で自殺。残党のリーダー金井半兵衛の逃走に対して新居関所にピケが張られた。ほかにも四方へ逃れた浪人捕縛のため、諸国の関所に厳重警備が発せられた。江戸時代を通じて、関所が警戒の任務についた唯一の例とされている。

関所役人にとって厄介なのは、そのような政治的事件ではなく、特定の年に起こる「おかげ参り」だったのではあるまいか。庶民が大挙して伊勢をめざしてやってくる。「ぬけ参り」とも呼ばれたように、子は親に告げず、女房は亭主に内緒で、奉公人は主人に断りなく抜け出してくる。道中派手な衣裳でランチキ騒ぎを演じ、歌い踊りあるく。大規模なものは慶安三年

（一六五〇）、宝永二年（一七〇五）、明和八年（一七七一）、天保元年（一八三〇）の四度起き、いずれも総数二、三〇〇万人にのぼったといわれている。主に中京から西に起きた騒ぎだったが、慶安三年の場合、箱根関所へ女、子供一万二五〇〇人が押し寄せたと記録にある。当然、手形を所持しない者も数多くいただろう。「女手形不携帯の一八人を追い返した」とあるが、なすすべがなかったので、そのような報告でお茶をにごしたのではあるまいか。

おりおり、関所破りがあった。

承応二年（一六五三）、徳川綱重小姓松下清兵衛の中間が脇道を行き、柵を越えて捕えられ、磔《はりつけ》。

元禄一五年（一七〇二）、伊豆国大瀬村のたまなる者、関所を破り獄門。

宝暦四年（一七五四）、関所破りをして逃走した弥七が捕えられ、牢死。塩漬けの死骸を運んできて磔にした。

明和三年（一七六六）、関所破りの忠蔵、追手を逃れて芦の湖で入水自殺。死骸をひき上げ、塩漬けののちに磔。

…………

磔は見せしめであって、恐怖という心理的装置を発動させるためだったことが見てとれる。

享和三年（一八〇三）、「女通行手形記載の緩和」の通達があった。これまで女手形には、顔、襟元、ノド、乳より上、手足など「見渡すことの出来る範囲」にある「出来物・疵《きず》・灸《きゅう》の跡《あと》、髪の中の出来物・疵・灸の跡、釣ぬけ、釣りはげ、小枕摺《ずれ》、櫛摺、左右の髪切延立、中挟の髪延立、髪の薄さ短さ」などの記載が定められていたが、今後は記載不要となった。

緩和というよりも、記載があると、改め業務に手間がかかったせいと思われる。できものやキズは旅中に癒えるものだし、枕ズレと櫛ズレは一定しない。短い髪も旅中にのびる。手形とちがうといって、もめても手当てのしようがない。

広重・豊国「雙筆五十三次」というシリーズがある。その新居関所のシーンだが、前髪の若武者が、股をひらき、両手を前にそえ、人見女が拡大鏡で確認している。前髪者は男女の区別がつきにくいことから、女改めのしつこさをからかったらしい。

文化・文政を経て天保・安政・文久――。いわゆる幕末であって、風雲急を告げ、幕藩体制が音を立てて崩れていく。現場にいる下っぱが、もっともはっきりと徳川の時代の終わりを感じとっていただろう。関所関連年表には、定番人による不祥事がつぎつぎと報告されている。浮き足立った上司たちを尻目にかけて、雀の涙ほどの俸禄で仕えてきた者たちが、自由に振る舞いだした。「番士に対し身分あるまじき言動をとる」、「酒肴贈賄取次いたこと」、「遠見番所へ女を揚げたこと」、「取り調べ方不行き届き」……。

ひとり下っぱにかぎらない。歌川広重の浮世絵シリーズ、「道外茶番膝くり毛」の「はこね」には、大番所前の旅人と人見女と関所役人が描かれているが、旅人は手形にのせて大入帳（金銭出納帳）を差し出している。さっそく人見女が算盤をはじき、役人が何やら指示している。「関所の沙汰も金次第」を揶揄したのだ。

またのこされた旅日記には、箱根の茶屋の主人に「関所案内」の名目で鼻ぐすりをきかせる

「新居」雙筆五十三次（広重・豊国）

と、その一部が祝儀として関所役人にわたり、通行の便宜のはかられたことがしるされてある。横目などは現場監督のかたわら、適宜「横目」を使って小づかいを稼いでいたらしいのだ。

天保一一年（一八四〇）五月、祭文読み六名が要害山を抜けて通る事件があった。道がなく、繁り放題の要害山を抜けるには、土地にくわしい者の道案内があったと思われるが、それはともかく沼津まで追ってやっと捕えた。お定まりの獄門や磔の記載がないのは、「藪入り」として処理したのかもしれない。道に迷ったあげく、それと知らず抜けてしまったというのだ。そうやって関所役人は自分の責任になるような面倒を避けたのである。

慶応三年（一八六七）三月、幕府は関所改めを緩和した。急用の場合は上下とも夜間通行許可。剃髪、かぶろなどの改めはしない。鉄砲、武器類は証書で通関許可。印鑑引合せは行わない。

同年一二月、再び関所改めの強化を申し伝えた。手形必携、印鑑引合せ実施なども通達。朝令暮改もいいところで、誰も聞く耳をもたなかったと思われる。

明治二年（一八六九）一月、行政官布達第五九号により、全国の関所が廃止された。

明治四年（一八七一）、箱根宿外れで発生した火災により関所も焼けて、一部を残すのみの廃墟となった。明治二〇年代の写真が資料館にあったが、建物の形跡はいっさいなく、枝が一方にのみのびたへんな松が一本立っている。「見返り松」と称されていたもののうらぶれた姿のようだ。

関所に隠されがちだが、箱根宿はレッキとした五十三次の一つで、品川から数えて一〇番目。戸数は約一七〇軒の小さな宿場だったが、本陣は浜松なみに六軒と多かった。関所の京口御門につづく通りで、宿は五町から成り、まん中の小田原町と三島町が大きく、あとの三町は小さい。その一つの新谷町は四町とかけ離れていて、関所の江戸口御門の先にあった。どうしてこんなへんな町構成になっていたのか。

関所を開いたあと、幕府は近くにある古くからの集落、元箱根を宿場にするつもりでいたところ、元箱根に拒否された。やむなく代官支配地である伊豆国三島宿と、相模国小田原宿から、それぞれ五〇戸ずつ移転させて箱根宿をこしらえた。そのため、ほかよりも一七年あと、元和四年（一六一八）に開宿した。一つの宿になっても住人は三島宿なり小田原宿とつながっており、気候寒冷の高地であれば、米、味噌など主要な食料、生活必需品の大半を、それぞれの宿から運んでくる。そのため終始、二つの系統によって管理され、現在の行政でも、べつべつの町会によって運営されているようだ。

北に一つ離れている新谷町は、関所事情から誕生した。広重五十三次のうち、隷書、狂歌入東海道の箱根は夜道の山中を描いている。たいまつを掲げたのが前後にいて、駕籠が坂道を走り上がる。関所は暮れ六ツに閉まり、明け六ツに開く。何かの事情で朝一番に関所を通過したい者が、夜駕籠を傭った。

あるいは、そのつもりはなくても、東から来て暮れ六ツにまにあわなければ関所の向こうの宿に行き着けず、野宿をする羽目になる。そんな旅人のために旅籠を主とする小さな町ができた。さらに時間にはまにあっても手形に不備が見つかって通してもらえないケースにも、新谷町滞在を命じられた。

一七〇戸のおおよその分類は次のとおり。

本陣・旅籠・茶屋	五四戸	約三二％
往還稼・飛脚屋	六一戸	約三六％
山稼	二四戸	約一四％
その他	三一戸	約一八％

休泊・運送・通信など、旅関係者が約六八％で、ほかの宿とくらべ、並外れて高率である。山稼も旅行者が消費する薪が主体で、近くの山々が伐採禁止のため、船で遠くの湖畔に出かけていた。その女房が茶屋なり旅籠を副業とするケースもあった。箱根宿はまさしく往還で生きる集落だった。

ふつう宿場には人馬継立《つぎたて》の問屋があるものだが、箱根は街道一の高所の特殊事情から継立業務を免除されていた。

「箱根　夜中松明登り」隷書版

生活必需品のおおかたを下から荷上げするわけだから、物価すべてが高く、一般の旅行者が長居するところではない。本陣は六軒あったが、八、九割までが休息にあて、宿泊は少なかった。それでも箱根八里は難儀な道であり、また関所越えは大名行列の一つの節目にあたり、宿泊はともかく休泊の必要は高く、その需要が本陣の成立を促したと思われる。

さらにひそかな理由もあったようだ。定宿の本陣をもっていれば、関所の通過日を予告できるし、当日、本陣の主人が出迎え、関所通行の案内をすれば、関所側もこころえていて、関係業務を省略して手早く通してくれる。ついでながら、のちに本陣から関所スタッフに御礼が届いたにちがいない。

箱根史料館で手に入れたのだが、中村静夫編集『箱根宿歴史地図――江戸時代復元図と対照用現在図』（縮尺1：1000）という二点ものがある。一つは克明に箱根宿の今昔が調べてあって、現況と二重写しに図解してある。べつの一つはカラー地図で、一九世紀半ばの箱根宿が復元してある。さらに六軒の本陣それぞれにわたり、そこを定宿とした大名が一覧になっている。それも休泊・宿泊別に示されていて、数は少ないが宿泊用に利用していた大名がわかる。九州肥前蓮池五万石・鍋島氏（佐賀の大大名鍋島氏の分家）はその一人で、定宿の本陣が火事にあったとき、気前よく扶助金を給与した。本陣の主人も鍋島氏一行が近づくと、三島宿で出迎え、四里の山道を箱根宿まで案内した。大名と定宿との関係の深さが見てとれるのだ。

箱根宿地図編者の詳細な調査でわかるのだが、嘉永五年（一八五二）の例でいうと、肥前鍋島氏一行は、箱根宿に着くまでに一ヵ月の長旅を要している。殿様、家者、用人《ようにん》、茶坊主、料理方、足軽、草履取りなど総人数九四名と馬二疋。五万石の大名にしては数が少ないようだが、ほかに荷物運びの人足約三五人を宿ごとに雇ってきた。これだけの集団がひと月あまりも旅をする。参勤交代がいかに多額の出費を強いたか推察できるのだ。

ときは幕末であって、大名家の財政はどこも逼迫していた。少しでも節約するためか、本陣泊りは殿、用人、茶坊主など一九人で、のこりは宿の旅籠《はたご》に分散した。笹屋、角屋、油屋など、それ相応の格式を思わせる旅籠にまじり、万年屋、銭屋なども入っている。多少ともわびしい旅籠をあてがわれた者もいただろう。

箱根宿の本陣のなかでは、通称「駒本陣」がもっとも大きく、鹿児島の島津氏七七万石、尾張・徳川大納言六一万石、肥後熊本・細川氏五四万石などが定宿にしている。そんな大藩に負けじと二万石、一万石の大名スレスレ組も多数常連に名をつらねており、藩の会計係はやりくりに頭をかかえたのではあるまいか。

明治元年（一八六八）幕藩体制崩壊。本陣も用なしになった。

明治二二年（一八八九）鉄道東海道線全線開通。街道の宿場は「駅」としての意味を失った。

駒本陣の跡地はひところ、みやげ物店とレストランになっていた。

本陣天野平左衛門跡地はドライブインになっている。

本陣川田覚右衛門跡地は箱根ホテル駐車場になっている。

本陣石内太郎左衛門跡地はバス発着所になっており、箱根駅伝記念碑がある。

本陣天野平左衛門跡地は一時、駐車場になっていた。

本陣又原弥五左衛門跡地はレストランになっている。

一軒だけ、旅籠川口屋が同じ場所で、民宿静観荘として存続している。対照用現在図には写真がついているが、「温泉お宿」を守っている品のいい母娘が、宿の玄関前に見える。

三島・沼津——対比の技法

広重の第一一番三島宿「朝霧」はシリーズきっての秀作だろう。季節は晩秋だろうか。三島は富士山からの湧水が多く、町のいたるところにキラキラと用水が流れているが、そのせいで朝ごとに濃い霧が立つ。この朝はまた一段と霧が深い。三島大社の鳥居、木立ち、旅籠、遠去かる巡礼たち。いずれも霧につつまれ、淡いシルエットとして描かれている。

中央に駕籠かき、馬子と馬、荷を両がけにした伴の者、駕籠に乗った客、馬に乗った人、ともに腕組みして早朝の旅立ちを耐えている。伴の者も含めて、旅人は菅笠で覆われていて顔が見えない。いっぽう駕籠かきと馬子は、さて日々のおつとめといったふぜいで、馬子はコモをひっかぶり、駕籠かきはふんどしに上っぱりをひっかけただけ、むくつけき半裸の両名が全体の詩情を破ってユーモラスである。

いっぽう駕籠の客も、馬に乗った男も、きちんと身ごしらえをしている。馬の背の両脇に荷物を入れた葛籠《つづら》をくくりつけ、その上に客がすわるのを「乗掛《のりかけ》」といったが、腹をくくったよ

「三島　朝霧」

うにすわっている客は長旅を覚悟してのことか。いずれにせよ正装と半裸が同じ画面に対比的に出てきて、変化を与えている。

「東海道五十三次」を絵解きするにあたり、絵師広重は二種の人を描きわけた。旅する人と土地の人である。一方は通り過ぎる。他方は土地に根づいて、さまざまな商いに従事している。出発点である「日本橋　朝之景」にすでにモチーフがはっきりと打ち出されている。朝焼けの空を背に、帰藩する大名行列が橋を渡ってくる。日本橋の北詰めには魚河岸があり、朝一番の土地の人は、獲れたての魚をたらいに入れて売り歩く行商人だった。「棒手振り」と呼ばれて威勢がいい。荷の大きいのは、店売りを仕入れにきた魚屋。肌着にハッピ、腰から下はむき出し。素足にワラジをはいている。大名行列の正装と、土地の人の簡便ユニフォームの対比が、画面に活発な朝の動きを与えていた。

時間の推移があって、つぎの「品川　日之出」では、大名行列の一行が宿場に入っていくところ。しんがりの弓掛二名、「惣両掛《そうりょうがけ》」と呼ばれた荷運び役二名が見える。左手の掛茶屋では女たちが長い行列の通り過ぎるのを待っている。茶屋といった施設は一般の人が旅行をするようになってからできたもので、ほぼ宿外れにあった。茶屋の女たちにとって大名行列は、まるきり用がない。太陽が昇りはじめ、沖合の空が藍色から茜《あかね》色に変わりかけている。うつ向いて肩肘張った行列しんがりに対して、茶屋の女たちは白い顔を往来に向け、しどけない姿勢で、手持ちぶさた。

日本橋を発って最初に出会う川が六郷川である。慶長五年（一六〇〇）に架橋されたが、たびたびの洪水で橋が流され、元禄年間（一六八八―一七〇四）以後は渡し舟になった。河岸に川会所があって渡船賃を支払う。約一三文がきまりだった。一定の数になると船頭が船を出した。乗り合いであって、ここではじめて大名行列以外の旅人が絵にあらわれる。笠をもち、荷を背負い、腰には道中差し、男は道中合羽をつけている。女は旅人ではなく、土地の商家の者が川向こうの用たしに行くところか。船は櫓《ろ》をこぐのではなく、竿を川底に突いて進めていく。

三番目の神奈川宿は急な坂道にしてあって、建物の屋根も急勾配のつくりだ。パノラマ風に宿と海とを示すためである。すでに客引き女が商売にとりかかっており、旅人の袖をつかんで引っぱっている。うしろに巡礼の親子、しんがりの大きな荷を背負ったのは廻国の六部《ろくぶ》と思われる。「六十六部」ともいって、日本六六ヵ国の霊場をめぐり、写経を配納する。巡礼とともに街道におなじみのメンバーだった。さらに深編笠に尺八を携えた虚無僧（保土ヶ谷）、大山参りのグループ（藤沢）、金比羅道者《こんぴらどうじゃ》（沼津）、興行に廻る力士（興津）、三味線を背負った鼓女《ごぜ》（二川）など、街道筋の常連組が登場する。

人はちがっても、姿はおおよそ共通しており、土地の人はごく安直な日常着だが、旅人は入念な旅支度をしてきたようすが見てとれる、帯、浴衣、手巾、頭巾、脚絆、足袋、ワラジ。晴雨にかかわらず笠はつねに身につけていた。肩に結びつけて背負うか、振り分けにした。現代でいえば小型のリュックサック程度なのは、必要最小限に厳選してきたからである。身軽でなくては長い歩き旅はつとまらない。

三島に続くのが一二番沼津。三島の早朝と打ってかわって、こちらは夕景。タイトルには「黄昏図《たそがれず》」とあるが、すでに夜に入った光景で、木々の間から大きな、まん丸い月がのぞいている。巡礼の母子は手に柄杓《ひしゃく》をもっており、「抜け参り」といわれたスタイルである。柄杓で物品の喜捨《きしゃ》を受けながら旅をした。天狗の面を背負った金比羅道者は白装束で、脚絆、足袋とも白に統一している。どちらもいわば旅のプロであって、荷物の小ささ、全身のつくりその他、いかにもサマになっている。逆くの字に折れて月へのびるぐあいの道が長い旅路を暗示している。

「原　朝之富士」に見本があるが、女の旅は菅笠に上っ張り、脚絆、足袋、手の杖が欠かせない。ほとんど必ず従者がついていて、両掛した葛籠をにない、腰には道中差し。警護の役目もあったからだ。

「沼津　黄昏図」

原——帯笑園のこと

静岡県の東部・海沿いにあって、現在は沼津市原だが、以前は駿東《すんとう》郡原町といった。旧東海道の宿駅で、品川から数えて一三番目。一四番の吉原宿まで、沼津から二〇キロあまりあり、それで中間に駅をつくったのだろう。

富士山の広大な裾野が駿河湾に走りこむ寸前のところ。溶岩帯の裾野と、海がつくった砂嘴《さし》とのあいだに広い湿地帯があって、沼が点在していた。開拓はまず海側から始まった。東海道に沿って問屋新田、助平新田、ひの木新田、大野新田といった地名がつづいている。江戸のころのガイドブックは、原宿のところに「富士山又不二山芙蓉峰などと称す　絶頂まで九里余」と添え書きがされている。原と吉原のあいだが、東海道で富士山がもっとも近く、もっとも美しく見えるところとされていた。おすすめワンポイントをつけたのもあった。

「大野新田のあたりすそのなり　富士正めんに見ゆる」

広重も当然のことながら富士山をモチーフにした。保永堂版の原宿は「朝之富士」。旅姿の女二人と、荷を天秤に両掛けにした伴の者が見える。早朝に出立して、宿場を出たところだろう。かなたに富士がスックと天にのびている。高さを強調するために山頂が枠外に突き出ている。北斎が採用した技法を、広重は抜け目なくいただいた。

右肩にボコリとふくらんでいるのが宝永山で、東面にあたる。そこに朝陽が射しかけて、白雪がほんのり赤みをおびている。黒いゴツゴツした愛鷹山《あしたかやま》が富士の中腹を半分ちかく隠している。山頂が鋸《のこぎり》の刃と似ているところから別名が鋸が嶽《たけ》。葦の茂った沼地は「浮島ヶ原」と呼ばれていた。ツルが二羽降り立って、餌をついばんでいる。殺風景なところだが、風雅な名づけをされて歌枕に使われ、それなりの名所になった。

女の一方は旅なれたようすで、キセルをもち、一服しながら富士をながめている。手前の女は髪型からして娘のようだ。両名がはおっている揃いの上衣は、道中の塵除け用のコートである。伴の者の半纏《はんてん》にヒロを組み合わせた模様が染めつけてある。広重の広告を兼ねたサイン代わりというものだ。

版をかえるつど、絵師は工夫をする。広重は情景を少しずつ西へ移動させた。原と吉原間は一四キロあまりと長いので、中間の柏原に休憩所にあたる立場《たてば》が置かれ、立場茶屋があった。山側の沼を富士沼といった。

行書版は「柏原立場ふじの沼」といって何キロか西に進んでいる。おのずと愛鷹山は右へ遠ざかり、そのぶん、富士山がより大きくなった。ここでも山頂が枠を突き破っている。山のヴォリュームを、さらに大きく見せるためだろう。極端なほど視点を引いたパノラマの手法により、人も馬も豆つぶのように小さい。帰り馬を引く馬子、空駕籠《からかご》を担いだ駕籠かき、入口に茶屋の屋根が二つ。富士沼でとれるウナギが柏原名物だったから、辺りには香ばしいカバ焼きの匂いがただよっていたと思われる。

隷書版では、もうひと足西へ移って、おすすめワンポイント辺り。愛鷹山がさらに遠くへ退き、正面に左右対称のお山が堂々と画面を領している。山頂は想像にまかせるというぐあいに、手前でスッポリ切りとってある。空は濃い藍色。山腹になびく雲は西洋画風にボカしてある。人と馬は、いっそう小さくなって、ゴマつぶほど。なおのこと山の大きさが迫ってくる。

原宿は本来、ほんのつなぎの宿駅であって、家数三九八、本陣一、脇本陣一。旅籠屋二五、人口一九三七。五三の宿場のなかで、もっとも小さかった。たいていの人は五万石のお城下、沼津で泊り、原は富士の眺めをたのしみながら通過していくところ。宿の中ほどに、白隠禅師ゆかりの松蔭寺があって、それがもう一つの見ものだった。キャッチフレーズのように謡《うた》われたのが、駿河自慢の「富士の御山と白隠さん」。

ところがここに一つの隠れた名所があった。本陣のやや東寄り、街道に面した建物のおくに

「原　朝之富士」

あって「帯笑園《たいしょうえん》」と呼ばれていた。園の入口には「園関《えんせき》」という門があって、石畳がまっすぐ奥へのびている。左右の門柱に木札が下がっていて、律詩の対句が刻んであった。

苟入是園者固禁觸一花一葉
都有詩歌者必應留一吟一詠
（かりそめにもいやしくも　園に入る者は一花一葉にも触れることを禁ず）
（すべての詩歌有るもの　必ず一吟一詠を留める事）

民間の植物園である。となると「どうかお手をふれないでください」はおなじみだが、歌ごころある人への一吟一詠の要請は珍しい。おのずとそれは来園者を選別しただろう。江戸期の観光案内に出てこないのは、名物の食べ物と飯盛女がおおかたの関心である弥次・喜多組にはまずもって用がなかったからである。

寛政一〇年（一七九八）以前の記録は焼失したという。そのため、残されている来訪録は「寛政十年午年十月十日」から始まっている。

一　西本願寺御門主

同　新御門主
寛政十午年十月十日御来園

ついで大名や公家、御城代がやってきた。

豊後日出
一　木下肥後守殿
寛政十一未年三月十日御来園

但馬出石
一　仙石越前守殿
享和元酉年三月十日御来園

一　千種前中納言卿
享和元酉年三月十五日御来園

一　千種中納言卿

享和二戊年二月廿七日御来園

拝　領　　　　　御詩作

駿府御城代

一　松平信濃守殿

同　若殿

同御夫人御姫君

享和二戊年八月廿六日御来園

豊後日出《ひで》藩主は、藩校を設け、帆足《ほたり》万里を教授として招いた。但馬出石《たじまいずし》藩の藩主仙石越前守は遊興に耽って藩の借財を大きくし、はてはお家騒動（仙石騒動）を引き起こした。趣味人で花卉《かき》に通じていたと思われる。公家は文弱にして詩歌をたしなむ。いかなる作かは不明だが、来園を詠みこんだ詩を置き土産にした。駿府城代は家族でやってきた。あとにつづく膨大な記録にも家族づれはごく少ないケースであって、よきパパだったのか。それとも同じ駿州のよしみで、家族に土地の自慢をしたかったのか。

文化年間（一八〇四―一八）になると来訪者がしだいに多くなる。アト・ランダムにあげてみると、長崎御奉行・肥田豊後守、三河挙母《ころも》藩主・内藤山城守、駿河町御奉行・牧野靫負・御母堂・御夫人、妙法院大仏宮・備前藩主・松平上総介、土佐御老臣・山内左衛門、聖堂御儒者・柴彦助（号栗山）、道中御奉行兼大目付・井上美濃守、六條大納言卿、日光御神忌御下向・高野刑部大輔、左大臣近衛公、播州赤穂御隠居・森右兵衛佐、冷泉中納言卿、土御門陰陽頭卿、和蘭陀公使・カピタン・ヤンコツクブロツホフ、書記ヘンテレキケチルトエンケレン、外科ケルリツトエンデルトハアゲン、日光御下宮・高倉宰相卿……。以下、芳名録はえんえんと明治三四年（一九〇一）までつづく。一つの植物園を舞台に富士の裾野の宿駅で、世に二つとない歴史的ページェントが演じられたわけである。

植松家といって、先祖をたどると甲斐の武田氏の宿将須田朝重にいきつく。武田が滅んだあと、朝重の嫡男季重が駿州原に移ってきて居を定め、姓を植松と改めた。天正一二年（一五八四）というから、秀吉、家康らがしのぎを削っていたころである。

宿将の後裔は、戦《いくさ》ごとはもうコリゴリの思いがあったのだろう。新しい姓「植松」に忠実に海岸に松を植え、孜々《しし》として開墾に励み、かたわら山林、金融さらに米、味噌、醤油、タバコに手をひろげ、数代のうちに近郊で知られる豪家になった。

この植松家が世間と少々変わっていたのは、本陣職といった権力の末端にはかかわらず、せっせと花や樹木を集めたことだ。本宅の裏手の広い庭を菊花園、あるいは叟花園《そうかえん》として、とりわけ芍薬、万年青《おもと》、松葉蘭、桜草の収集につとめ、おいおいに「花長者」といわれるまでになった。権力のおこぼれよりも花鉢や盆栽を愛した。なかなかシャレた一族がいたものである。当家は当主が名前に「季」の字を折りこむのを習わしにしたようで、財なしてのちは次のとおり。

四代　植松逵季（一六六〇―一七四三）
五代　植松章季（一六九六―一七六一）
六代　植松季英（一七二九―一八〇九）
七代　植松季興（一七七四―一八三一）
八代　植松季敬（一八〇七―一八八六）
九代　植松季服（一八四一―一九一三）

園芸は、当初は私的なたしなみだったと思われるが、しだいに数を増すうちに、四代目のころから見学者があらわれ始めた。東海道が設置されたのは一六〇〇年代初頭だから、以来約一世紀。街道往来が安定するとともに、名所・名物など、途上のたのしみがふえていった。いつしか原宿の素封家の庭が、花卉愛好家の口にのぼっていたらしい。五代章季は白隠禅師に親しんだ。六代季英は蘭渓、また曳屋亭と称し、すでに当地で知られた文人だった。池大雅の知己を得るとともに、息子を円山応挙に弟子入りさせた。そのため七代季興は植松応令の画名をもっている。親子はしばしば京に上り、画人、文人、公家たちと交わった。

五代までの芳名録は焼失したが、六代以後は「御高家、大名御立寄名簿」「高家衆等御立寄記録」「武家帯笑園訊訪名録」などが残されていた。来訪者のサイン用には「吟海草帖」をそなえ、書画をたしなむ人には、色紙をとじたかたちの「榻錦帖《とうきんちょう》」を用意していた。草木コレクションがふえていくのと平行して、街道寄り道組のリストも置き土産もまた増加した。

九代季服は江戸から明治への大変動期に立ち会っている。趣味的な芳名録のもつ歴史的記録性に気づいたにちがいない。寛政一〇年(一七九八)から明治三四年(一九〇一)に来園した著名人を抜き出して、四二〇ページの書物にまとめた。題して『帯笑園撮録《さつろく》』。登場人物は総数で一〇〇〇人あまりを数え、さらにほかの記録から採録したのだろう。訪問時のこまごましたことが添えられている。ちなみに植松家当主は家名を與右衛門といい、そのため『撮録』にはつねにこの名が出てくる。

文政五年(一八二二)二月、和歌山藩第一〇代藩主徳川治宝《はるとみ》が江戸へ向かう途中に立ち寄った。学問好きで、「数寄の殿様」と呼ばれ、松坂城下に学問所を開設、本居宣長を召出して住まわせた。

一　紀伊大納言殿

文政五年年二月十八日御東下ノ節御来園與右衛門麻上下着用門前ニ伏迎ス御駕籠先ノ役人植松與右衛門ト御呼上ニ相成リ直ニ園中御遊覧御案内申上植物類名称一々御質問ニ付初ハ近習ヲ経テ答ヘシモ数回ニ及尓ヲ以テ此后ハ御直答不苦旨御慈意ヲ蒙リタリ

記述からわかるが、麻の裃を着て門前に平伏するのが大名「御迎え」の作法だった。駕籠わきに控えた役人が名を呼び上げ、それに答えると、駕籠の中から「大儀《たいぎ》」の声がかかった。これを合図に、やおら立ち上がって御用をつとめる。園では直接のやりとりではなく、近習が仲立ちをする。いちいちまだるっこしいので、大名の方から「直答」を指示した。

一　紀伊大納言殿

文政五午年四月二日御帰国之節御再臨諸事先例ノ如ク可心得旨命ゼラレ園主與右衛門御案内申上園中ノ盆栽御所望ニ付連左ノ如シ

御望献上　　鉄線花　　壱盆

拝領
芍薬小池紋　壱盆
九代目千宗左之作　弐重切御花筒　壱個
江戸赤坂御邸ノ御庭前ノ竹ニテ製造シタル事

紀伊様には帯笑園がお気に召したのだろう、二ヵ月後の帰国のみぎりにも寄っていった。献上にあたり『撮録』には「御望献上」「献上」の二通りの書き方がしてある。所望されたケースと、そうでない場合を区分した。お返しの品も「拝領」と「土産」の二種になっている。同じくいただいたにせよ、花筒や屏風は拝領だが、オランダ公使からの美酒や羅紗の類は土産である。

庭園のようすを伝えるもっとも早いものは、天明六年（一七八六）皆川淇園があらわした『植松叟花園記』で、それによると敷地は間口一二歩（二〇メートル余）、奥行き六〇歩（一〇〇メートル余）。それがしだいに拡張されて、幕末につくられた銅版画「帯笑園之図」によると、間口二九間三尺（約五〇メートル）、奥行は八六間（一五〇メートル余）。そこに望嶽亭、臨春亭、靄春堂といった小亭があり、築山、花壇、石畳が配置され、盆栽、鉢物がところ狭しと並んでいた。中心は本宅ごしに富士を望む望嶽亭で、客人はまずここへ案内された。

ともあれ帯笑園そのものは、さほどのものでもないだろう。江戸時代後期には本草学を中心にして、ひろく博物学が隆盛をみた。藩の庇護のもとに薬草園、植物園がつくられ、それが民間にも及んでいった。小野蘭山、佐竹曙山、武蔵石寿などの博物学者が輩出した。駿州原の帯笑園も、各地にあった草花の園の一つである。天保三年（一八三二）、日光例幣使として下向の途中に立ち寄った京の公家は礼としてタバコ入れと歌一首をのこしたが、歌のことば書きが述べている。「原の駅の中に草木を多く集めたりける長者の家に詣来て――」

嘉永五年（一八五二）に訪れたべつの公家は、「原の宿を出て、同じ所に家古く富み栄えし男有るがもとへ寄りて」と書いた。ほぼそれが一般的な見方であって、庭を称し「東海一」といった言い方は、背後にそびえる霊峰富士に合わせた誇称ではなかろうか。

後世のみるところでは、園よりも、その来訪リストにうかがえる人物像がたのしい。たまたま立ち寄った名士たちのメモランダムが、期せずして歴史の皮肉を演じていた。あるいは私的な休憩の場であったばかりに、公的な記録にはうかがえない人となりが、まざまざと見てとれたりするのである。

土州

一　松平土佐守殿

嘉永四亥年四月廿七日御来園

一　井伊掃部頭殿

嘉永五子年五月三日御来園

御望献上　蓮　　　　八種

不二産浜梨　壱曲

土州・松平土佐守とは、土佐藩第一五代藩主山内容堂のこと。幕末の条約勅許をめぐり大老井伊直弼と鋭く対立、隠居を強いられた。憤然として病気を理由に帰国の途次だった。

彦根藩第一三代藩主井伊直弼はこのときは一年前につづく二度目の来園で、初めてのとき、当主に蓮の根分けを依頼した。その経過がよほど印象深かったのだろう。八代季敬はべつに書きとめていた。彦根の殿様は「草木は道中の鬱散じに誠によい」ので、毎年、通行のつど立ち寄るつもりと述べたという。ついては、このたび蓮を持参、時節のよい時に根分けをしてくれまいか。「じきじきに仰せになった」とあって、彦根藩主は気さくにたのんだようだ。当主はしっかり受けとめ、根分けをして、このたび晴れて「御望献上　蓮　八種」とあいなった——。

井伊直弼が大老に就くのは六年後のこと。およそ時代遅れの幕府の体質を如実に見ていた。「鬱」は道中だけにとどまらなかったにちがいない。草木を相手の「鬱散じ」にあって、原宿の植物愛好家の評判を聞き知り、参勤の行列に蓮の根株を運ばせてきた。

大老になって以降の強権発動と、桜田門外の横死で暴君的なイメージができているが、いたって人間味あふれた、気さくな人物だったのではあるまいか。帯笑園園主は、土佐の容堂公は名をしるしただけだが、井伊直弼はやりとりの経過まで書きつけた。ともあれまだ小春日和の幕末一景である。富士の裾野の花園で、ときの政敵同士がすれちがった。

『撮録』を見ていくとわかるが、文久二年（一八六二）から翌三年にかけて、夫人同伴があいついで訪れている。

備前岡山新田
一　池田信濃守政詮殿
　同　御奥方
　　文久二戌年十一月廿五日御来園

肥前大村
一　大村丹後守純凞殿
　同　御奥方

文久二戊年十一月廿五日御来園
御望献上　富士産浜梨　壱曲

伊予宇和島
一　宇和島少将春山藤原宗紀殿
同　御奥方
文久二戊年十一月廿五日御来園

念のために、もう少しひろっておく。

但馬豊岡
一　京極飛驒守高篤殿
同　御奥方
文久二戊年十一月廿七日御来園

石州津和野

一　亀井隠岐守茲監殿
同　御奥方
文久二戊年十二月二日御来園
御望献上　松葉蘭　麒麟角　壱盆
寄物縮緬　壱盆

阿州侯若殿
松平淡路守茂韶殿
同　御奥方
文久二戊年十二月十六日御来園
拝領　切細工　数品

徳山
一　毛利淡路守廣篤殿
同　御奥方
文久三亥年正月二日御来園

御望献上　富士産浜梨　壱曲
拝領　切細工其他　　数品

日向飫肥
一　伊東左京大夫殿
　同　御祖母君
　　文久三亥年正月十五日御来園

肥前平戸
一　松浦肥前守殿
　同　御奥方
　　文久三亥年四月十四日御来園

べつに殿様たちがフェミニズムに目覚めたというのではない。時局の産物であって、文久二年八月、幕府は「参勤在府割改并政務協議達書」なるものを諸大名に頒布した。いわゆる参勤交代制の緩和で、出府のシステムを改め、また「此表ニ差置候妻子之儀モ国邑江引取候共勝手次第」。これまで人質として妻子は江戸住まいと定まっていたが、世情不安にかんがみ、国元に帰ってもよいという。「勝手次第」だから、当事者が選べばいいようなものだが、暗黙のうちに強制がこめられていた。真意を正確に読みとって、直ちに帰国準備にむかった。西国大名の家族がいっせいに移動を始めたので、東海道と中山道はときならぬラッシュにみまわれた。

一　松平阿波守殿

同　御女中方

文久三亥年二月廿五日御来園

豊後岡

一　中川修理大夫久昭殿

同　御奥方

文久三亥年三月四日御来園

一　松平主水正乗秩殿

同　御奥方

文久三亥年三月十七日御来園

幕藩体制はもはや収拾のつかぬ状態だったのだろう、二年後の元治元年（一八六四）九月、幕府は緩和制を撤回。国元へもどったばかりの大名家族が、またいっせいに江戸へ向かう事態になった。

遠州掛川

一　大田総次郎殿

同　御隠居

同　御姫君

元治元子年十月五日御来園

加州

一　溶姫君

御女中

元治元子年十一月十三日御来園

拝領　切細工　　数品

一　酒井壱岐守殿

同　　御姫君

元治元子年十一月十四日御来園

予州吉田

一　伊達若狭守殿

同　　御奥方

元治元子年十一月十七日御来園

珍しいペアのグループのあいつぐ来訪に、原宿の園芸地主はあっけにとられていたのではあるまいか。

慶応三年（一八六七）は明治維新の前年である。

一　阿蘭陀使節　　一行

公使　　　壱名　ポルスクブルク
コンシユル　壱名　メイス
士官　　　参名　英国　デバイサン
　　　　　　　　意太利亜国　ビヤウト
　　　　　　　　　　　　　ファンテル
支那通訳者　壱名

慶応三卯年八月十二日富士登山ノ節来園同月十八日帰湊ノ節園中ヲ写影ス畢而一行ヘ昼餐ヲ進ム
同年十月朔日ニ至リ阿蘭陀ミニストル氏ヨリ特使ヲ以テ諸種ノ写真画ヲ送与セラル

正確にはポルスブルックといってのちに『ポルスブルック日本報告　オランダ領事の見た幕末事情――1857-1870』を著したオランダ公使である。このときは富士登山の下準備で、原・吉原辺りを巡った。追記にあるように同年八月一八日、富士登山を終え、その帰途にも帯笑園に立ち寄った。「意太利亜国ビヤウト」は、幕末・明治期日本を撮影したので知られるイタリア人写真家フェリーチェ・ベアトのこと。はじめてカメラを持って富士山に登った人物である。

帯笑園では異国人富士登山の護衛に当たった武士たちを写した。かたわらに園の名物とされていた松の盆栽が写っている。植松家は公使一行に昼食を振舞った。その礼をかねて二ヵ月後、オランダの特使が写真数枚を贈りものとして届けてきた。おかげで幕末ニッポンの貴重な映像がのこされた。

時代は江戸から明治へと変わったが、しばらくは訪問客に変化はなかった。江戸屋敷を引き払って帰国の途についた大名が寄っていく。おおかたが新政府の知事に任じられたので、東京へ向かう道すがらに立ち寄った。そのなかで新しくメンバーに加わった人がいた。

今上皇帝鳳輦御駐蹕

明治二巳年三月廿四日東海道御東行時ニ天気晴朗日光暖和供奉ノ群卿諸臣園中ニ入ラセラレ牡丹ハ過中落花ニ帰スト雖トモ藤花満開ノ候ヲ占メ濃紫ヲ晒スカ如シ

一桜草　二種　蘆之雪　盆栽
　　　　　　　彩色笠

一藤花　五茎

右ハ池田中納言殿ニ依リテ奉献ス宸襟斜ナラズ御嘉賞藤花ハ鸞輿ニ収メサセラレ桜草ハ輿外ニ並列シ

テ上覧ヲ賜ハリ何レモ御採携ニ相成ル

牡丹は散りかかっていたが、藤は満開で、紫色が鮮やかだった。自慢の桜草を献上。皇室とのかかわりの始まりである。明治五年、孝明天皇の后であった英照皇太后が立ち寄り、以後も京都啓行のつど来訪した。もっとも熱心な客となったのは東宮殿(皇太子時代の大正天皇)で、沼津に御用邸が開設されて以来、『撮録』に記されているものだけでも一八回の来訪に及んでいる。

大名とちがい皇室の場合は典礼マニュアルが介在して、何かとうるさい。皇太后の初訪問の際、盆栽五種がお目に叶ったようなので、当主が献上を申し出たところ、「お達し」があって認められない。「相当の代価を申し立てよ」。さらに強く懇願すると、「追っての御沙汰」となり、宮内省内匠判任官との折衝の結果、御休憩料金千疋を拝領するかわりに献上が許容された。

明治一〇年(一八七七)以後のあたりから、来訪の顔ぶれが変わってくる。

一　内務卿伊藤博文殿

一　陸軍卿山縣有朋殿

明治十三年一月十三日夜中御来園

一　参議大隈重信殿
明治十四年一月廿八日御来園

一　内務卿松方正義殿
明治十四年三月十七日御来園

一　大山巌殿
明治十五年七月御来園

明治維新の出世組である。明治二〇年（一八八七）以後は肩書がちがってきた。

一　子爵　品川弥二郎殿
同　　御夫人
明治二十年十二月廿四日御来園

一　正四位　岩倉具定殿
明治廿一年四月十六日御来園
一　男爵　前田利武殿
明治二十一年十月四日御来園

明治二六年（一八九三）、沼津御用邸が開設され、翌年、皇太子（のちの大正天皇）が初めて帯笑園を訪れた。このとき一五歳。

皇太子殿下
明治廿七年二月十八日午前七時三十分沼津御用邸出御八時五分沼津駅御乗車鈴川駅ヨリ御乗駕富士郡大宮町浅間神社及富士製紙会社へ御駐蹕同日午后二時三十分與右衛門方ニテ御休憩同三時三拾分還御午后二時四十分着御中山侍従長岩男本縣書記官御先導ニテ園内ニ入御アラセラル園主與右衛門御召ニ応シ伺候ス

植松與右衛門はその姓にちなみ、皇太子に松のお手植えを願い出たが、神社仏閣はともかく、個人に対しては例がないとして却下された。作戦をかえて皇太子とのかかわりを申し立てて再度懇願したところ、お聞き届けになり、場所を選んで「荒馬ノ松一根御手植相済み」となった。一五歳の少年皇太子には、ところ狭しと並んだ盆栽が珍しくてならなかったのだろう。「種々御下問アラセラル、ヲ以テ恐レヲ顧ミス勤答シ奉ル」。ガイド料が出た。「一金拾五円　下賜」

これがきっかけだった。皇太子はその後、しげしげと帯笑園へやってきた。自分が植えた松の成長を検分するという名目があった。窮屈な御用邸よりも、富士の裾野の花園の方が、はるかにたのしいのだ。海岸の松林で兎狩りもできる。

皇太子殿下

明治三十年一月三日遽ニ弊園へ臨御アラセ玉フ午后一時御着輦逐兎御催シノ為直ニ狩場へ出御夫々手配ニ及ヒシモ時ナル哉当日ハ壱足モ獲サセラレス

明治三二年三月、「御乗馬ニテ御来臨」とあるのは、馬に乗ってやってきた。わざわざフランスから松の実を取り寄せて、原へ持参して、育て方をコーチしたこともある。

「……二時五十分着御早速與右衛門御召ニ付臨春亭ノ掾先へ伺候ス今回仏蘭西ヨリ御取寄ニ相

成リタル別種ノ松ノ種三種壱名（ペンマリチームデランド）壱名（ペンマリチーム）壱名（ペンピギョン）右御手自下賜冥加至極ノ栄ニ勝ヘス且ツ三田侍講御側ニテ培養方御説明有之午后四時還御今回ノ臨御ハ全ク松実御取寄ニ付一時モ早ク御下賜ノタメナリト恐察奉リス」

その次にはお雇いフランス人をつれてきて、フランス松の育て方を訊問させた。このとき皇太子二〇歳。九代当主は五八歳。心のやさしい青年と、誠実一途な老人との間に友情といったものが結ばれていたのではあるまいか。御用邸への帰途、與右衛門は必ずみずからで「奉送」した。その道すがら、どんなよもやま話がかわされたか、想像できなくもないのである。少なくとも『撮録』には、ほかの記録には目にできない若き日の大正天皇の磊落《らいらく》な姿がまざまざ見えるのだ。

明治三三年（一九〇〇）、皇太子嘉仁《よしひと》は九条節子と結婚。もはや気楽なひとり者ではなく家庭ができて、平民與右衛門との「友情」も終る——と九代当主は考えたのかもしれない。家宝としてきた五葉松の盆栽を奉祝に献納したいと申し入れて宮内大臣の許可を得た。同じことなら東京の皇居ではなく、思い出の深い沼津御用邸に置いてもらいたい。再度、願い出た。なにぶん「数百年の老松」の故に、汽車運送で何が生ずるやもしれず、願わくば沼津御用邸へ献納したいのだが、いかがなものか。特別に願いが叶って、五葉松はすぐ近いところに落ち着いた。

一つのキリがついた気がしたのかもしれない。『帯笑園撮録』は、翌三四年かぎりで打ち切られた。

沼津から原を経由して吉原宿まで、この区間の東海道は定規をあてたような直線をとっている。人間の足の生理に応じて、つねにうねりや曲線をまじえた街道にあって、湿地帯と砂丘という厳しい条件が生み出した例外である。

明治以後、街道の両側にわたって開拓がすすんだ、明治二二年（一八八九）、東京—神戸間に鉄道が開通。東海道ではなく鉄路東海道本線が通交の主役になって、おおかたの宿場は急速にさびれていった。もともと最小の宿駅だった原は、もはや忘れられたも同然だった。

一〇代　植松幹（一八七〇—一九三八）
一一代　植松重雄（一九〇〇—一九七八）

運の悪い当主である。この間に何があったか。日中戦争、太平洋戦争と、ながながと戦争があり、ついに敗戦。戦後民主主義は農地改革とともに始まった。昭和二〇年（一九四五）、第一次農地改革。さらに翌年の第二次農地改革で旧地主は土地の大半を失った。

植松家では、加えて当主の死にともなう相続税が二度かぶさってきた。日本の法律は、どれほど歴史を経たものであれ、土地に付随した文化的施設を許さない。相続税を払うためにはぶっこわして、土地を処分するしかないのである。

「帯笑園」の名は江戸の漢学者の命名になり、咲き乱れる花々に、「笑みを帯《お》びて向かう」の意味だと思うが、戦後の当主たちが笑むことは少なかったと思われる。それでも知恵をつくして全体の三分の一に相当する庭を後世にのこしたが、一三代目にいたり、最終的に個人の手をはなれ、沼津市の管理にゆだねられた。

蒲原《かんばら》——幻の雪景色

第一四番吉原から次の宿、蒲原まで、二里三〇丁（約一一・二キロ）、ほぼ通常の距離だが、あいだに富士川が流れている。「道中随一の早川」として聞こえていた。もともと河原付近は一面のヨシ（吉）の原だったり、ガマ（蒲）が繁っていて、そこで吉原、蒲原の名がついたのだろう。河口近くは海の災害に弱い。どちらも元禄一二年（一六九九）の大津波に宿が壊滅して、多くの死者が出た。東海道が北に移され、新しく宿場町がつくられた。蒲原でいうと、距離にして約二〇〇メートル山側に移動し、標高で五メートルばかり高くなった。蒲原宿の道幅が広いのは、計画都市としての配慮があったからだ。

その広い東海道。直角に曲がる旧道の形がきちんとのこっている。落ち着いた家並みで、ブラつくのがたのしい町だ。旧家と思われる庭の奥に、風格のある三階建ての蔵がある。屋根、小屋根、壁のつくりに見とれていると、家人に声をかけられた。品のいい老婦人で、現ご当主らしい。あとで知ったのだが、渡邊家といって、蒲原きっての名家で江戸のころは手広く材木を商っていて、屋号が木屋。蒲原宿駅長、百姓代、問屋職をつとめた家である。三階建ての蔵は、書類や公文書などを保存するため、天保八年（一八三七）から三年がかりで建てたもので、建築費が一八三両もかかったとか。当時としては珍しい「四方具《しほうよろび》」（四方転《ころび》）と呼ばれる耐震工法でつくられていて、たびかさなる大地震にもビクともしなかった。

蔵の古文書からトピックスを取り出して、要領よくまとめた『木屋江戸日記』という冊子をいただいた。

「専門家でも研究者でもない主婦が、家事や諸用のほんの短い合間にまとめた拙い小誌ではありますが……」

渡邊家には文筆のたしなみがあったらしく、江戸後期の第一八代渡邊金璙《かねよし》は「金璙の生涯略記」をあらわした。幕末期の第一九代守亮《もりあき》には、「守亮の日記」がある。

現ご当主夫人は「水害」「天保の飢饉」「蒲原宿」など、テーマ別に話題がひろってある。おかげで学者の本では目にできないようなことを知ることができる。

大名行列が宿内に入るとき、宿の主な人々が裃《かみしも》着用で出迎える。これはおさだまりだが、行列は「雲助」と呼ばれる人足たちが荷物をかついでくる。その際、彼らは遠慮会釈のないセリフを、歌にかこつけてどなっていたらしいのだ。

立場《たてば》立場でーよっ、水のめのめと鮒やな〜
金魚のよっ、児ではないな〜よ
殿様貧乏か、荷物は軽いぞホイホイ

大名行列は通常一五〇〜三〇〇人ぐらいだが、加賀様の行列は二七〇〇人にも及んだという。家康公没後二〇〇年には、参向する公家たちがひと月にわたって忙しなく往きかいした。富士川が川止めになると宿が満パイで、東の間《あい》の宿である岩淵も宿泊地になる。間の宿と本宿とは仲が悪くて、そのつどなにかとモメごとが生じた。

富士川は急流なので、川渡しのコースが水量によって、のべつ移った。小冊子には、「天保年間作成の絵図」がそえられているが、川原に一番から六番までの区分と、べつの位置に、やはり一番から一四番までのしるしが付されている。乗船場が移動したらしい。

安政の大地震で西岸が九メートルあまり隆起して、そのため蒲原はこれまでのような川の氾濫で苦しめられることがなくなった。かわって水不足で悩む事態にもなり、水路開削の大工事で宿の財務が左前に陥った――。

広重は「夜之雪」と題して雪の蒲原を描いた。朝から雪が降り出して夜になってもやまない

「蒲原　夜之雪」

のだろう。家々も背後の山々も、すっぽり雪につつまれている。手前が切り通しの坂で、下に宿が見える。傘をすぼめ、杖をついて坂を下る人。笠、簑で背を丸めて坂を上がっていく人。黒い夜空から、やすみなく雪片が落ちてくる。詩情あふれる一枚で、シリーズ最高の作という人もいる。ただ気候温暖な当地に、このような大雪は考えられず、また絵のような地形は蒲原にはなく、そのため一般には、広重が想像の景観を蒲原にあてた、とされている。

シリーズに変化を与えるために新機軸を考えたのだろうか。保永堂版では、ほかに亀山で一つ、行書版では石薬師のところで雪の宿駅が使われている。やはり高みから下を見下すアングルで、荷とともに馬に乗った人、笠、簑の人、坂を上る人と下る人、向きはちがうがモチーフはよく似ている。

隷書版では関のところにあてられていて、伊勢道の分かれる東の入口で、鳥居が立ち、常夜燈が見える、一里塚が見えて、高みから宿に下っていく構図をとっている。

雪に関してなら、蒲原も石薬師も関も暖地にあって、絵のような大雪はよほど珍しいことだったと思われる。蒲原の渡邊家にのこされた当主の日記には、安政四年（一八五七）一月二五日、「昨夜雪降り一寸程積もる」とあって、まったく雪と無縁というわけではない。日記にしるしたのは珍しいことであったからで、「一寸程」でも大ニュースだった。もし広重の絵のような大雪にみまわれたら、必ず報告したと思われるが、そのような記述はないようだし、絵の構図のよく似ていることからも、広重のフィクションと考えていいのだろう。どの絵もかなり積もった雪景色だが、凍るようなつめたさはなく、むしろホンワカとしてあたたかい。雪国の切るような厳しさはみじんもない。あたたかな雪景色とさえいえそうなのだ。

渡邊家で「昔の歯医者さんのうち」をすすめられたので、たずねていった。歩いていると「すぐにわかる」といわれたが、なるほど、宿の中央部、町屋の並びの只中の洋風の家で、すぐにわかった。ふつうなら宿場的雰囲気をこわすスタイルだが、モダンな洋風が、なぜかしっくり合っている感じで、フシギに思いながらガラスの多い二階屋を見上げていた。

もともと町の人がお世話になる歯医者さんだった。大正のはじめ、それまでの町屋を洋風に改造した。町屋を取り壊して洋館にしたのではなく、町屋の構造を生かしながら模様換えをした。二階が診察室で、南向きの部屋の南側一面はガラス窓。歯の治療は痛い上に、機械がイヤな音を立てて気が滅入るものだが、この歯科医はそんな通例を一八〇度かえたらしい。南西から降るように陽光が入ってくる。前の街道がパノラマ風にみえて、歯の治療のひとときがたのしめる。どうかすると、二階にいたいばかりに歯の検査と称してやってきた人もいたかもしれない。実際、庭先に離れがあって、遠方から泊りがけでくる人を泊めていた。なんともシャレた歯医者さんがいたものだ。

府中——十返舎一九

府中とは聞きなれない地名だが、静岡のことである。駿河国の国府が置かれたので駿府、あるいは府中といった。家康が隠居地として選んだところでもある。隠居とはいえ実権をおびた大御所であって、その存命中、全国の目は江戸ではなく駿府に向いていた。

もともとは今川氏の城下町だった。その当時は大河安倍川が城下を流れていた。家康は流れを迂回させて町から遠ざけ、跡地に大がかりな都市づくりをした。宿場を置いて、城下町であると同時に物流の町とし、職人や商人は碁盤目の町筋、武家屋敷エリアは屈折の多い町並みに二分した。効率と防御を合わせもつ都市としたわけだ。

東海道五三宿のうち、ただ一つ公認の遊郭があった。都市づくりに動員された人夫が喧嘩沙汰を引き起こすので、緩和用に幕府公認の遊び場を設けたのだろう。正式には「安部川町」が遊里の名称だったが、一般には「二丁町」の名で通っていた。ひところは五丁もあったが、江戸吉原に三丁ゆずって残りの二丁といった意味らしい。広重は隷書東海道版で「二丁

「府中　二丁目郭之図」隷書版

町郭《くるわ》之図」を描いている。

馬に乗った客が大門の前にいて、案内役の女が提灯を下げて指示している。二丁町は宿場から二キロほど離れていて、客は馬をすすめられた。それはいいとして、馬上の男のいで立ちが奇妙である。紋入りの羽織姿ながら、頭に手拭いを巻き、はしを顎に垂らしている。そういえば奥の店先に見える男も同じ。歩行と馬上をとわず、客は手拭いを頭に巻きつけている。

十返舎一九の『東海道中膝栗毛』の挿絵が絵解きになりそうだ。娼家の張り見世が大きく描かれ、格子窓から遊女の顔がのぞいている。外にはひやかし。そのとなり、提灯をさげた女が先に立ち、うしろに黒い羽織の男が見える。広重と同じで、頭に手拭いをひっかけ、はしを垂らしている。両手はふところ手、ひやかしの男も頭の手拭いは同じ。

色街の古式であって、由緒ある府中の二丁町では、それが生きていたのだろう。黒木綿に紋のついた羽織、手拭いの先を結ばないで頬かむりをする——色街や遊俠の世界におなじみの一つというもので、はじめは具体的な理由があったのだろうが、そのうち形骸化して、イキな一夜のダテ作法になったものか。絵の男は年寄り風で、いささか閉口した顔で描かれている。読み本の挿絵画家は遠慮などしないのだ。いいトシをしたダテ気どりをひやかしたのだろう。

五三の宿場のうち、公認の遊郭があったのは府中だけだが、むろん公認など必要としなかったからである。「抱え」の名で宿ごとに何人かずついた。性のお相手は、ほかにもいくらもいたようだ。一九をかりていうと、旅寝をかさねて第二四番宿金谷から間の宿菊川を過ぎ、二五番日坂《にっさか》の宿屋で、旅の巫女《いちこ》母娘と同宿になった。死霊の口寄せもするという。弥次郎は死んだ母親と女房を呼び出してもらった。挿絵でわかるのだが、巫女は長方形の箱から梓弓を出して箱にのせ、もの悲しい音色をかき鳴らしながら、死者の言葉なるものを語ったようだ。宗教者

上：「府中　二丁町」人物版
左：十返舎一九『東海道中膝栗毛』府中

というよりも女芸人さながらで、挿絵でもいたってアダっぽい。たてまえは宗教、実は売色というのが稼業だったと思われる。道化両名もそのことはよく知っていて、その夜べつべつに母娘の床へ忍んでいった。喜劇の作法どおり、まちがいがまちがいをよび、とどのつまり、野郎同士が口づけをする。絵にもならない滑稽であって、むろん、挿絵画家はそんなシーンをとりあげたりしなかった。

『東海道中膝栗毛』の作者十返舎一九は、『ドン・キホーテ』の作者セルバンテスとよく似ている。どちらも若いときから何をやってもうまくいかず、うだつのあがらぬ中年すぎになり、そろそろ自分に愛想づかしをしかけたころ、突如ベストセラーをものして一挙に世に知られた。またどちらの場合も、二人のコンビによる旅物語で、人気のままにえんえんと書き継いだ。主人公がともに代名詞のようになり、実在した人物さながら後世にのこった。

とはいえ似ているのはここまでであって、主人公が後世に及んで愛されてきた点では同じでも、弥次郎と喜多八はあきらかにドン・キホーテとサンチョ・パンサではないだろう。長々と旅はしても、スペインの二人組のような意味深い性格をおびるまでにいたらなかった。こちらの二人はせいぜいがいたずら者、何をしでかすかわからない永遠の子供であって、狂言の太郎冠者と次郎冠者の世俗向きコピーといえる。終始、軽喜劇の役柄にとどめてあって、ドン・キホーテとサンチョ以上に落語の八つぁん、熊さんと似ているのだ。そしてたしかに上方落語の旅ネタ「東の旅」や「西の旅」の趣向が多分に取り入れてある。『膝栗毛』の初篇が世に出たのは享和二年（一八〇二）のこと。引っぱりだこの人気者になって、読者に求められるまま両名は上方からさらに足をのばして、四国へ渡り金比羅宮《こんぴらぐう》に参詣、山陽道は安芸の宮島までいたり、帰路は木曾街道から中山道をすすみ、善光寺や草津温泉に寄り道、巡りめぐって江戸にたどりついたのが文政五年（一八二二）である。作者は足かけ二一年にわたり土地を移しながら、両名にありとあらゆる道化の特性を発揮させた。

国文学者中村幸彦によると、弥次・喜多は、「学才共に乏しい二流作者が、生活のために苦しまぎれにひねり出した人物」だそうだが、たしかに人間としては二人はそろいもそろって魅力の乏しいサンプルなのだ。容貌からしてお粗末で、弥次郎は色黒の上にあばた面、鼻がひらいていて、デクデクふとった中年男。いっぽうの喜多八だが、元は役者だったというふれこみながら、どんぐり眼《まなこ》に獅子《しし》っ鼻《ぱな》で、どこに役者の片鱗があるのやら、さっぱり見当もつかない。

しかもともに食いしん坊の見栄っぱり、そのくせ小心者で、しみったれの助平に加えて厚顔無恥ときている。状況が悪くなると、相棒でさえ平気で売りかねないのだ。せめて悪知恵でもあるかというと、そんなけはいはからきしなく、先見えのしない思いつきにうつつを抜かすのが関の山であって、はっきりいえば少し薄バカ、みみっちいノーテンキ。はじめは江戸っ子ということになっていたが、あらためて作者が最後につけた「発端」によると、駿河の生まれになっていた。おそらく作者自身が、とうてい江戸っ子の風上におけないと考えたせいではあるまいか。

知られるとおり、二人はあちこちでバカをしでかす。小田原で風呂の底を踏み抜いたのが皮切りだった。女とみればちょっかいを出し、手もなくゴマの灰にしてやられる。座興に作者の十返舎一九になりすましてみても、もの知らずで、すぐさま正体が露見した。行く先々で滑稽を演じ、旅の恥はかき捨てとすましている。

時あたかも江戸幕府の官僚体制が爛熟のきわみに達していたころで、旅は管理社会を抜け出す唯一の道だった。『膝栗毛』が二〇年余の長きにわたって人気を失わなかったのは、二人の道化が与えてくれた解放感のせいだったと思われる。誰もがひそかにいだいている鬱屈感に風穴があけられた気がしたのではあるまいか。

といって『膝栗毛』に時代批判を見つけるのは、おかどちがいというものである。作者にはあきらかにその手の下心などこれっぽっちもなかった。パロディ、もじり、ナンセンス、言葉遊び、なぞなぞ、だまし絵、見立て……。江戸文化の所産である笑いの技法を総動員してサービスにつとめ、ひたすら読者を楽しませるために書いた。二人組がいたずらをし、まわりのルールを攪乱《かくらん》しても、それは世の中にいかなる波風も立たせない。イタチの最後っぺのように、達者であれ型どおりの狂歌を一つひねって一件落着。さらりと笑い流して、次へ行く。

人気の秘密は何よりも軽妙なシーンの転換にあった。巧みに行く先々の名所古蹟をおりまぜながら、いかに場面転換しようとも、様式化された風景と、漫画化された主人公とが、ピタリと一致するしかけになっている。『膝栗毛』の登場が享和年間であるのは象徴的だろう。街道や宿場がととのい、詳密な『五街道分間延絵図』がつくられ、定められた道を行くかぎり、未知が消滅した時代である。一筋道の街道沿いは、すっかり情報化されていて、どこで何を食べるかも決まっている。広重をはじめとする浮世絵の絵師たちによる視覚化のなかで、沿道のことごとくがなじみ深い風景になった。初めての人にも未知が数字化されていて、双六《すごろく》のように上がっていく。だからこそ弥次・喜多両名は安心してバカをしでかし、ともにたのしむことができたのである。

『膝栗毛』は江戸最大のベストセラーとして版を重ねたが、そこにはつねに数多くの挿絵がついていた。おりにつけ、何ごとにも器用な一九自身が絵をつけた。それは「自画」と断ってある。大半は版元が絵師を見つくろってつけたまでで、画工はほとんどわからない。

同じ東海道の絵図でも、広重の浮世絵とは大きく性格がちがうだろう。広重が記念写真とすれば、読み物の挿絵はスナップ写真である。物語のシーンに焦点をあてて、にぎやかなマンガに仕立てた。

と同時に無名の画工は「現代」の人であって、おのずとそこには同時代が描きこまれている。期せずして時代のスナップ集ができ上がった。暗黙のしきたりや習わし、当時の人々に独特のしぐさや動作、表情までも写しとられているだろう。

難儀な箱根越えをした三島の宿。広重では詩情ゆたかに、深い朝露のなかの旅立ちが描かれていたが、スナップの方はことのほかワイザツである。弥次郎と喜多八は途中に付き合った村の子供から泥亀を買い上げた。山越しの祝いの寝酒のサカナ用に調理してもらう腹づもり。

食欲に先立って色欲がきざして、その夜、めいめい飯盛女を買って寝た。夜もふけたころ、藁苞《わらづと》に入れていた泥亀が藁を食い切ってお床に這いこんできたから大騒ぎ。亀が喜多八の指にかみつく。あわてて放り投げたのが弥次郎の顔に当たる。行灯は倒れ、湯呑みはころがる。「自画」とあって、一九は取材先で、似たような情景に出くわしたことがあるのかもしれない。せんべいぶとんに箱枕。ふんどし一つのあられもない男、相方《あいかた》の女は素はだからしい。同じ一つ部屋で、こともなく二つの性遊びが進行する。

とともに床の間が興味深い。袋をつけた道中差しをはじめ、行李、手荷物一切がきちんとつまれ、かさねてあって、いつでも即座に旅立てる支度がととのえてある。あられもない部屋の乱れようを、整然とした床の間がじっと見下ろしている。

騒ぎにまぎれ、箱根路を同行した十吉という男がいなくなった。不審に思って弥次郎が胴巻をたしかめると、金《かね》が石に変わっていた。ゴマの灰にしてやられた。宿屋の主人に、ゴマの灰を泊らせた罪をなじったところ、べつべつに来た客を相部屋にしたのなら宿の責任だが、つれ立ってきたのを泊まらせたのだから、客の責任と押し返された。それが宿屋のルールだったとみえる。

鞠子《まりこ》——名物あれこれ

鞠子は丸子とも書いた。岡本かの子の小説『東海道五十三次』は丸子《まりこ》（鞠子）の宿《しゅく》を手始めにしている。風俗史専攻の夫と二人して「東海道を始めてみた」。時は大正の半ばごろで、静岡駅まで「夜行汽車」で行って、ほのほの明けに俥《くるま》をやとって西に向かった。安倍川をこえ、東下りの平重衡と長者の娘千寿の言い伝えのある手越《てごし》の里を抜けた。街道から開けた田畑の中へとうつり、小さな流れに桟橋のかかるたもとで俥が止まった。

「はい。丸子へ参りました」

右手に茶屋風の藁屋があって、障子に「名物とろゝ汁」と書いてある。四月末か五月に入ったころとあって、裏山でウグイスが鳴いていた。運ばれてきたとろろ汁は、べつに変わった作り方ではなかったが、「炊き立ての麦飯の香ばしい湯気」と、「神仙の土のような匂いのする自然薯」の香りがまじり合って、素朴な味わいがあった。語り手の女は自然薯の香りを消さないように、薬味の青ノリをふらずに椀を重ねたという。

「鞠子　名物茶店」

物語はこのあと、奇妙な展開を見せる。

「この東海道には東海道人種とでも名付くべき面白い人間が沢山いるんですよ」

名主の言葉が手引きをしたように、そのあと峠の茶屋で、当の一人と出くわすことになる。名は作楽井《さくらい》といって、もとは小田原のレッキとした穀物商だったが、三四歳のときに、ふと商用で東海道に足を踏み出したのが病みつきのもと。それからというもの家にじっとしていられず、道中双六のように往ったり来たりするばかりで、どうにもこの街道から脱《ぬ》けられない。妻は愛想づかしをし、子供をつれて実家へ帰ってしまい、商売もつぶれた。いまは道中、ちょっとした手間仕事をしながら、東海道を住処として上り下りしている。この東海道というところは、うっかり嵌《はま》りこんだら抜けられないところだと男は言った。

「こういう人間は私一人じゃありませんよ。お仲間がだいぶありますね」

国道1号を切れ目なしにトラックや車が押し通っていく。旧街道は南側へななめに切れこんだかたちで、右手に古い地蔵堂や一里塚跡、左右は落ち着いた家並み。玄関に「かど屋」「半田屋」「鍛冶屋」といった標識がある家は、かつての屋号や職種を示しているのだろう。本陣跡には立派な石碑が据えられている。旧宿内の家並みは約六〇〇メートル、本陣一、脇本陣二、旅籠は大・中あわせて二〇軒ばかりだった。府中（静岡）という大きな宿に隣合った小宿であって、おおかたの人はとろろ汁で力をつけ、つづく宇津谷《うつのや》峠へと向かったのだろう。

かの子の小説にあるとおり、店は橋のたもとにあって、昔ながらの丁子屋《ちょうじ》。店がまえも古風な茅葺《かやぶ》きで、歴史がそっくり立ちもどったぐあいだが、これは在《ざい》の農家を移築したもの。いわば建物全体が看板であって、なかなか商売上手の店主とみえる。

丸子のとろろ汁のことは道中記や旅日記に必ず書かれており、広重では「名物茶店」として茅葺きの店が描かれていて、弥次・喜多風の二人づれが床几《しょうぎ》に腰かけて食べている。赤ん坊を

「鞠子」行書版（拡大）

ねんねこで背負った女がお給仕中。立てかけた看板は、「名ぶつとろゝ汁」、障子には「御茶漬、酒さかな」とあって、同じ広重の行書版では、二人づれの一人がおカンをするちろりを差し出しているから、こちらは酒を注文したようだ。どちらにも梅の花が描きそえてあるのは、芭蕉の「梅わかな丸子の宿のとろゝ汁」をきかせてのことだろう。行書のほうの店の女、建物ともかなりくたびれていて、壁の割れ目隠しに浮世絵が貼りつけてある。自分へのからかいをこめた浮世絵師のいたずらというものだ。

小説に出てくる作楽井によると、この東海道というのは山や川や海が巧みに配置されていて、それに宿々がいいぐあいに距離をとっており、景色からいっても旅のおもしろみからいっても「滅多にない道筋」だという。そこでは省かれているが、魅力のもう一つが道中の食べ物であって、宿ごとに口腹のたのしみが用意されていた。京上りのコースでいうと、鶴見の米饅頭《よねまんじゅう》、箱根の赤腹魚、原のうなぎ、ごぞんじ安倍川餅、そのつぎが丸子のとろろ汁で、さらに日坂のわらび餅、掛川の湯豆腐、沢田の白酒、見附のソバ、浜名なっとう、桑名の焼きはまぐりに草津の姥《うば》が餅……。

江戸時代の半ばすぎに京から東への旅をした公家に土御門泰邦《つちみかどやすくに》という食いしん坊がいて、道中の食べあるきを記録している。丸子では当然のことながら「名高きとろゝ汁」を試食した。地産ものの山のいもは色白く、青ノリも近くの浦で産したとみえて色、香りとも上々。「ただうらむらくは、味噌の悪しきに鼻も開きがたく、舌も縮みて、そら音《ね》をはかる咽《のど》の関もこれは許さぬばかりなり」。都育ちのグルマンは田舎味噌の強烈な臭いに閉口したらしいのだ。

それにしても岡本かの子は何をヒントに小説を思いついたのだろう？　実際に「東海道人種」と出くわしたり、あるいは噂を聞いたりしたのだろうか。かの子は神奈川、二子玉川の大地主の家に育ち、歌人になってのち熱海や箱根の句会に、しばしば東海道を上り下りした。当時、熱海までの鉄道を熱海線といったが、その車中で晩年の芥川龍之介を見かけ、その憔悴した姿を『鶴は病みき』に書いて小説家としてデビューした。そんな旅中にあって、旧街道にはまりこんだ奇妙な人間のことを耳にしたとしても不思議はない。

小説の作楽井は東海道の風物、名所旧跡のみごとなことに加えて、もう一つ理由をあげた。この五十三次ができた慶長ごろから二七〇年ばかり、幾百万の人が往き来してきた。おのずと旅に特有の寂しさや気散じ、そういったものが街道の土にも松並木にも宿々の家にもしみこんでいて、その味が自分たちのような「情味に脆《もろ》い性質の人間を痺《しび》らせる」というのだ。

その際、京へ上るという目的意識から大津へ着くまでは緊張していて旅気分だが、大津に着くと急に力が抜ける。用もないのに京都へ行って何になろう。そこで汽車で品川へもどり、またもや道中双六に踏み出していく。そんな風変わりな情熱の類型を生み出したのは、みずからも情念の人だった岡本かの子のペンの力にちがいない。

旧道は店の前の丸子橋を渡っていくが、まっすぐ行くと柴屋寺《さいおくじ》といって、室町時代の連歌師柴屋軒宗長《そうちょう》がわび住居をした跡にあたる。かの子は「寺と茶屋とを折衷したような家」と述べているが、本堂と茶室がいかにもそんなふうだ。

「細道の左右に叢々たる竹藪が多くなってやがて、二つの小峯が目近く聳《そび》え出した。天柱山に吐月峯《とげっぽう》というのだと主人が説明した」

旧道の細道にかかると、たしかに竹藪があって、前方に聳えているのが歌で知られた吐月峯だろう。突兀《とっこつ》として秀でた山のようにうたわれているが、どこまでも撫で肩のやわらかな峯である。この点は風景画で鍛えた広重に見るとおりで、宿の背景として描きこんだ山は茶店の藁屋根とよく似てこんもりとして丸い。竪絵版では、その肩に点々と松が枝をのばしている。少しうねった旧街道沿いに鞠児学校跡、脇本陣跡、恵比寿屋、かたばみ屋、奈良屋とあって、標識だけにせよ、旧旅籠模様がわかる。そのなかで古風なつくりの酒屋がいい雰囲気を伝えている。

岡本かの子では風狂人と別れたあと、二人は岡部の宿へ出て、藤枝から島田へまわり、大井川の堤で広漠とした河原をながめたあと、汽車で東京へ帰った。

そののちも藤川を振り出しにして岡崎から地鯛鮒《ちりゅう》へと東海道をたどってみた。「鳴海はもう名物の絞りを売っている店は一二軒しかない」

この宿あたりを境にして家並みが伊勢造りになるのを、風俗史家の夫から教えられた。ある年の秋の末に鈴鹿を越してみようと思い立った。亀山、関、土山、水無口、石部――草津の姥が餅を食べながら、語り手の女はひとりごとのように夫に言った。「作楽井さんは、この頃でも何処かを歩いてらっしゃるでしょうか、こういう寒空にも」

小説には後日譚があって、二〇年あまりのちのこと。すでに旅を絶って久しかったが、用向きで名古屋へと出かけ、ふと気が向いて翌日は桑名まで足をのばす予定を立てた。翌朝、ホテルに「作楽井の息子」という人が訪ねてきた。鉄道関係の技師をしている。その息子を通して「東海道人種」の晩年が語られる。漂泊仲間はたいてい惨めな姿をさらすことになったが、作楽井は幸い絵が達者だったので、東海道筋のちょっと名の売れた画家として変わらず上り下りの人生をつづけた。

息子を鉄道関係の会社の技師にしたのは、作者岡本かの子が父の代の風狂ではなく、新しい時代の東海道に対するメッセージをこめてのことと思われる。技師の言うには、自然の変化、沿道の暮らし、名所旧跡の配合ぐあい、いずれもこれだけ揃った道筋はあまりない。「もしこれに手を加えて遺すべきものは遺し、新しく加うべき利便はこれを加えたなら、将来、見事な日本の一大観光道筋になろうと思います」

旧道や町並みの保存、建物の復元、保存会の活動、イベントの開催……。惜しむらくは、とりかかったのが少々遅すぎた。「日本の一大観光道筋」のおおかたが取り壊され、あとかたもなく姿を消したあとに小さな点として復活した。地ひびき立てて大型トラックが疾駆する国道わきにあって、丁子屋の「ホンモノそっくり」の看板建物のように、多少とも空々しくてウソっぽいのだ。

それはともかく岡本かの子は風変わりな街道人間を語るのに、どうして丸子宿を起点にしたのだろう？　いうまでもない、風雅な街道にからめとられた人間には、名物とろろ汁のネバネバがふさわしい。

岡部——夢まぼろし

二〇番鞠子《まりこ》宿から二一番岡部宿のあいだの宇津谷《うつのや》峠は、「蔦《つた》の細道」の難所と称されていた。在原業平が『伊勢物語』に「いと暗う細きに、つたかへでは茂りもの心ぼそく」と述べたのに由来する。のちに秀吉が小田原征伐に際して新道をひらき、ずっとゆるやかな道になったが、旧来のイメージがのこっていて、広重もおそらく急峻な道として描いている。

業平道が中世の道とすると、東海道は近世の道で、その後、明治の道、大正につくられた道、昭和の国道1号、さらに平成のトンネルと、ルートが入り乱れ、しかも全部が今も現役という「道の博物館」のようなところだ。

広重では峠の上の集落が見え、薪をかついだ人や、柴をせおった人が下ってくる。反対に荷をせおった旅人や、薪を背にした女がのぼっていく。

宇津谷峠というと険しいとともに、昼なお暗いというイメージがあったのだろう。歌舞伎「蔦紅葉《つたもみじ》宇都谷峠」に、そんなイメージを借りている。伊丹屋十兵衛が幼い盲人の按摩文弥を殺して、一〇〇両の金を奪う（「宇都谷峠文弥殺し」）。文弥の姉お菊が、弟に按摩の官位を得させるため、身を売ってこしらえた金だった。やがて文弥の亡霊が十兵衛の女房にとりつき、蔦のつるのように殺しがつらなっていく。

幸い浮世絵はそんな陰惨ばなしとは縁がなく、広重の行書版に見るとおり、峠道の途中でのんびりと団子を食べている。宇津之谷の集落で売っていたもので、小豆《あずき》ほどに小さい団子一〇個を糸で通したり、串にさしていて、「名物十だんご」のキャッチフレーズで商っていた。赤子をおんぶした茶屋の女が茶を出しているから、床几《しょうぎ》の旅人は団子を食べているのだろうが、ふつう団子は、ある程度大きいから旨い食べもので、小豆ほどに小さいのが固くなっていたりすると、食べられたものではなかったのではあるまいか。

岡部宿は天保年間の記録によると、戸数四八七軒、人口二三二二人。本陣は二軒あったが旅籠の数は少なく、大名行列などが泊り合わせると、夜具を隣宿の藤枝から借りてきたらしい。本宿、加宿の呼び名がのこっているのは、岡部村だけでは人数が足りないので、隣村を合わせてつくったものと思われる。

江戸時代には間口五間以上の宿は大旅籠と呼ばれ、格式が高かった。岡部宿の柏屋が今にのこる数少ない一つで、歴史資料館になっており、入場料さえ払えば天保年間そのままのたたずまいを体験することができる。柏屋は山内氏といって宿屋と質屋で財をなし、代々問屋や年寄

「岡部　宇津之山」

など、宿役人をつとめてきた。旧大旅籠に弥次・喜多のマネキン人形が据えてあって、しかもおそろしくリアルにつくられており、なにやら自分がそれと知らずズッコケコンビの世界に迷いこんだような気がするのだった。

そんな旧宿を出て、国道213号を一〇分ばかり東へ行くと、角に「常昌院」の矢印が目にとまった。そこを曲がって山側の小道をすすめということらしい。矢印の上に稚拙な人像が立っている。一方から見れば陸軍の兵士、他方から見れば海軍の軍人のつもりらしいが、ベニヤ板でつくった安っぽいもので、色がハゲハゲで道路工事の標識のように見える。

指示どおり、ゆるやかな坂道をのぼっていくと、石垣のわきに出た。道はそのまま「曹洞宗常昌院」の石柱へつづいていく。石段を上がると小さな広場で、右手にトイレ、正面が庫裡、左手に本堂。静まり返っていて、ひとけはないが、渡り廊下に洗濯物がつるしてあって、無住ではないらしい。そっと庫裡の戸をあけて声をかけると、奥で咳払いがした。本堂のお像を見たい旨を伝えると、「どうぞ」の声が返ってきた。それきりで、また静まり返った。

実をいうと、このあたりまでは、何も期待していなかった。大旅籠柏屋でもらった岡部の「観光イラストマップ」をながめていたら、常昌院にカッコして「兵隊寺」と添えてある。「日露戦争に出征した英霊二二三体が木像としてまつられている」

それで好奇心がめざめて、旧道からそれてきたわけだが、目印のベニヤ板・ハゲハゲ人形像《ひとがた》

日露戦争の兵隊を模した木造彫刻。常昌院にて

で半ば気持ちが固まっていた。本堂の「英霊」も似たようなものだろう。せっかく足を運んだからには、ともかく見るだけは見ていこう——。

靴をぬぎ、引き戸を引くと、スルスルと開いた。畳敷きの正面に祭壇があって、前に座ぶとんと撞木《しゅもく》と鐘。背後は薄暗い。なにげなく祭壇の横に入って奥をのぞいたとたん、おもわず息を呑んで立ちつくした。

白線入りの黒い軍帽に腹帯つきの黒い軍服。たまに帽子と軍服がちがうのは海兵だろう。上着に派手な飾りがあってカーキ色のズボンは連隊長かもしれない。全員が「護国尊霊」の金文字入りの遺骨箱の上で、両手をズボンの筋にそえて直立している。正規の「キヨツケイ」の姿勢と思われる。

大量生産した木彫のようだが、よく見ていくと、いずれも唇を噛みしめ、目を据えた表情のなかに、こらえたような顔、怒気を含んだ顔、考え深げな顔、悟りきったような顔と、微妙に表情がちがっている。色白、赤みがかった褐色、濃い黄土色と、肌に変化がある。遺族からきいたところを参考にしたのではあるまいか。遺骨箱に名札が立てかけてあって、「青島村出身作原米吉君」といったふうに出身地と名前だけで、軍の位階は一切ない。一つ一つは素朴な像であるが、二〇〇体をこえてズラリと並び立つと、数の力がフシギな呪縛力を及ぼしてくる。

祭壇前のテーブルに、説明文のコピーがあって、おおよその事情が知れた。常昌院はもともと本堂と庫裡が兼用の粗末な寺で、「監寺和尚」といって、住職ではないが寺を管理する人がお守りをしていた。日露戦争に勝って国中が沸き立っているころ、その和尚が本堂の建立を思い立った。「戦勝記念」と銘打てば檀信徒以外からも協賛者が得られるかもしれない。その発願に賛成した役員から、戦勝記念とするのなら、国のために命を捧げた者を顕彰する英霊殿とすれば、遺族だけでなく賛同する篤志家も出てくると案が出て、その旨の趣意書をつくり、郡下の遺族を訪ねて協力を呼びかけた。

総計四五〇〇円の浄財が集まり、本堂新築に二〇〇〇円、「形像制作とそれに付随するもの」に二〇〇〇円、諸経費に五〇〇円で本堂・英霊殿が完成。明治三九年（一九〇六）一〇月、晴れやかにお披露目式を挙行した——。

木像彫刻は「名古屋市末広町の彫刻家」に依頼とあるだけで、こまかいことはわからない。形像制作に「付随するもの」とあるのは、漆塗り金文字入りの遺骨箱と思われる。

戦史によると、日露戦争に際して歩兵三四連隊（静岡連隊）にも動員令が下り、約三〇〇〇の将兵が戦場に送られ、防衛線首山堡《しゅざんぽう》高地の戦いに参加。それにしても岡部町のある志太郡だけで、これだけ多くの戦死者が出たのはどうしてだろう。よほどの激戦地だったのか、それとも旅順要塞に死体の山を築いた乃木将軍にいわれたりするように、指揮官が無能だったのか。

いまとなれば、すべてが夢まぼろし。オーケストラを奏し終えた軍楽隊のように、制服の無《む》辜《こ》の民が地から湧くような無音の拍手に対して、永遠の直立でこたえている。

第二二番宿

藤枝――問屋場・助郷のこと

広重五十三次の「藤枝」が問屋場《といやば》風景を描いている。一〇人ちかい人足と馬二頭でいくつもの荷を運んできた。人足と馬が交代するのを「継立《つぎたて》」といった。そのため藤枝宿には「人馬継立」のタイトルがそえられている。

羽織はかま、槍持の横からじっと見守っている武士が荷物の依頼主だろう。「帳付《ちょうつけ》」と呼ばれる書記役が帳面を手に荷数その他を点検し、賃銭を書き入れている。玄関先の高いところに問屋場の宿役人がすわり、下役が何やら報告している。役人のすわる位置が人の肩ほども高いのは、気の荒い人足なども相手にするので、賃銭の交渉がこじれて争いになり、相手が床にあがりこむのを妨げるためだったといわれている。

宿人足には馬役、歩行役、馬役・歩行役兼務の三種があって、それぞれの担当が決まった。絵では役目を終えたので顔や背中を拭ったり、キセルをくわえたりしている。ふんどしだけの人足が杖をつっかえ棒にして前後で荷を支えており、荷札に「保永堂」、馬の腹帯に「竹内」

「藤枝　人馬継立」

とある。版元、ならびに版元主人竹之内孫七のこと。

藤枝宿の全長は約二キロ。本陣二軒、旅籠三七ほか商家など六七〇軒が軒をつらねていた。西木戸入口のすぐわきを瀬戸川が流れている。広重の行書版藤枝は「瀬戸川歩行渡《かちわたし》」とあって、旅人三人がそれぞれ三人の人足に背負われて、対岸の藤枝宿をめざしている。なんとなく滑稽なのは、川がごく浅く、膝までもとどかない。そのなかで大人が大人をおんぶしたぐあいなのだ。人足の背に乗らなくても自分でジャブジャブ渡ればすむはずなのは、対岸から巡礼が子供をおんぶして渡ってくることからもあきらかである。

橋が架けられたこともあったが、川越人足の収入源がなくなると、川庄屋の強硬な異議申し立てで橋は取り壊され、再び歩行渡となった。水量が少ないときでも人足の顔を立てておぶさって行かなくてはならない。貧しい巡礼などは黙認された。これを人足仲間では「目こぼし」と言った。川を渡ってすぐに西木戸があり、番所が置かれていた。木戸は朝六時に開き、夕方六時に閉じられた。

宿入口が川原町で、つづいて上伝馬町。常夜燈と高札場が並んでいた。「伝馬」の名のとおり問屋場が置かれ、上《かみ》・下《しも》の本陣があった。小川をはさんで吹屋町、鍛冶町、長楽寺町、白子町、下伝馬町、ここにも問屋場があった。下伝馬町には宿と城下町藤枝を結ぶ道の入口木戸があった。次の左車《さぐるま》町に東木戸があり、こちらにも番所が置かれていた。

城を田中城といって、本丸のまわりを円型の内堀が走り、さらに何重もの同心円を描いて堤や外堀がとり巻いていた。「亀城」などと呼ばれたのは、高みから見ると亀に似ていたからだろう。

藤枝宿の西には天下の暴れ川、大井川が控えている。「亀」は川の氾濫に対する防御の守りでもあったと思われる。慶長九年（一六〇四）と寛永四年（一六二七）に手ひどく氾濫をおこし、見わたすかぎりの水田が荒廃して、多くの犠牲者を出した。

寛永一二年（一六三五）、ときの田中城主水野忠善は水害を防ぐため、西かたの二つの小山をつなぐかたちで、全長三六〇メートル、幅二九メートル、高さ三・六メートルの長大な堤を築いた。「千貫堤」と称したのは、「一千貫の労銀が投じられた」の意味をこめてだろう。

そういえば藤枝南部から焼津にかけては、古くから「三角屋敷」で知られていた。三角の敷地に家があり、まわりに溝や土手、生垣をめぐらしている。先端は大井川に向けられており、いざ洪水のときは舟のへさきのように濁流を左右にふり分ける。そのため「舟形屋敷」ともいった。

さほど大きな宿場ではないのに、問屋場が東西に二つあったのはどうしてだろう？　理由は不明だが、上伝馬町は京都から江戸への下り荷を扱い、下伝馬町は江戸から京都への上り荷を扱った。しごく合理的な方式であって、広重が問屋場をモデルにしたのは、テキパキと事務が進められているのが気に入ったせいかもしれない。そういえば人も馬もいきいきと描かれていて、役目を終えた人足同士のやりとりや、馬のいななきが聞こえてくるようだ。

宿場のもっとも大切な任務は、公用をおびた人と荷物の運送であって、基本的には宿から宿へと送っていく。これを「宿継《しゅくつぎ》」といった。宿継を行うところが問屋場であって、宿のセンターにあたり、宿ごとに通常は一ヵ所、ときには藤枝のように二ヵ所置かれていた。旅宿の手配、人馬の差配、公的な書状の継送り、それぞれにかかわる会計事務……担当にあたる宿役人が詰めている。

センター長にあたる問屋が三人、補佐役の年寄が六人、馬の差配にあたる馬指《うまさし》が六人。それが一〇日交代のまわり持ち制をとって、ふだんは問屋一人、年寄一人、帳付（書記役）三人、人足指（係）二人、馬指二人が問屋場のスタッフだった。

ふつう旅人は自分の脚で歩き、荷は自分でしょっていくか、伴の者に運ばせ、問屋場に用はない。問屋場もまた、あくまで公的な人物、公用荷物のサービスであって、朱印状などの書状持参の者は、人馬を無償で使用できた。その他の公用旅行者や大名行列などは、「御定賃銭《おさだめちんぎん》」といって、幕府の定めた低額料金だった。一般の旅行者は人足を雇ったり馬を借りるとなると、宿役人と交渉して料金をきめなくてはならない。

広重は保永堂版以外でも、隷書版石薬師、行書版庄野などで問屋場をとりあげている。石薬師では荷物の到着のシーンと、向かいの旅籠の旅人の出発、巡礼親子の到着を合わせて描いている。庄野では、武士が提出した書類の吟味をしており、その向かいでは新しい馬に積みかえた人と荷が出発する。五十三次旅行で親しく目にしたところを組み合わせたのだろう。

さらに広重の街道風景から、人や荷物の運び方に、こまかいマニュアルが定められていたことが見てとれる。

馬が荷物を運ぶ場合、背中と両脇と三方に振り分けた。これは「本馬《ほんま》」といって、荷物は四〇貫（約一五〇キロ）を上限とした。

人と荷を同時に運ぶ場合、馬の両脇に荷物をくくりつけ、馬の背に座ぶとんを敷いて人がすわった。これは「乗掛《のりかけ》」であって、荷物は二〇貫（約七五キロ）以内となっていた。

人と手まわりの荷物を運ぶのを「軽尻《かるじり》」といった。手荷物は五貫（約一九キロ）以内のこと。軽尻で荷物だけを運ぶこともできた。制限重量は二〇貫。

人足の運ぶ荷物は一人五貫（約一九キロ）以内とされていたが、たいてい一〇貫ぐらいは運ばされたようだ。その場合、必ずや酒手をせびったにちがいない。

人馬賃までは広重からは読みとれない。先ほど少し触れたが、いくつか種類があって、主なものは次のとおり。

朱印人馬
証文人馬
御定賃銭人馬
相対《あいたい》賃銭人馬
添《そえ》人馬

将軍や老中、勘定奉行などが出す朱印状の証文持参の者は無料。

御定賃銭は公用にかぎられ、幕府の許可を必要とした。公定賃銀であって安い。

相対賃銭は旅行者と問屋場との話し合いで決めるもので、御定賃銭の二倍を相場とした。参勤交代のような公的なものでも、無料や御定賃銭で利用できる数に限りがあり、それ以上は相対賃銭制を利用した。

公用旅行者は「御用」を言い立て、規定以上の人馬を出させがちだった。これが添人馬であり、皮肉をこめて「御馳走人馬」ともいった。無料で徴発されるため宿場にとっては大きな負担で、幕府はくり返し禁令を出し、そのため江戸中期以降、参勤交代の大名が要求することはほとんどなくなった。それでも幕府直属を笠に着た役人や「京の威光」を吹かせたがる公家などが、陰に陽に「御馳走」を要求したらしいのだ。

藤枝市郷土博物館には、多くの宿場資料がのこされている。問屋場が使用した「印鏡《いんかがみ》」があって、東西の受け持ちが「東方」「西方」で明示されている。印鑑というのは、朱印状や証文を確証するもので、幕府なり藩なりから届けられていて、これと照合して朱印人馬、証文人馬を提供した。

「御定賃銭」は定額が定まっていたわけではなく、隣宿との距離に応じており、料金は島田か岡部かでまずちがう。人足、軽尻、乗掛、本馬の種類によってもちがう。さらに物価に応じて改定され、正徳元年（一七一一）に大きな改定があり、その後も文政七年（一八二四）には一・五倍、慶応三年（一八六七）には五倍に値上げされた。幕末に近づくにつれ物価が高騰していたことがうかがえる。

「賃廿四文預」

「人足賃預　銭百文」

粗末な紙片に印を捺したもので、「宿場札」と呼ばれた。少額貨幣がまに合わないか、あるいは手間がかかると、預り証を人足に渡し、一定額がたまると現金と交換した。

宿場にははじめ、人三六人、馬三六疋《ぴき》の常備が定められたが、とても足りないことがすぐにわかり、人一〇〇人、馬一〇〇疋に改められた。交通が盛んになるにつれて宿の人馬では賄いきれなくなり、近隣の村々に人馬の提供を求めるようになった。これを「助郷《すけごう》」と言った。正式には元禄七年（一六九四）、人馬を宿に提供する村を定《じょう》助郷、大助郷として指定したことに始まる。定助郷は宿の人馬が不足したとき、人馬を徴発される村で、定助郷で足りないときに徴発されるのが大助郷である。交通量の増加につれて人馬の負担が増大し、助郷村々も増えていった。

どのような基準で助郷を決めたのだろう？　村々に「助郷勤高」を設定して、一〇〇石につき二人・二疋の負担を課した。江戸時代の村はこまかく分散しており、藤枝宿でも、定助郷・大助郷が平地から北の山あいまで、豆をばらまいたように散らばっている。さらに幕府の方針で、大名の領地を分散、所領変更させたので、田中藩の領地の中に南の横須賀藩や西の掛川藩の村が複雑に入り組み、一つの村を二人の領主が分割している例もあった。それが助郷区分にちがいを生じさせたと思われる。

助郷制度の制定後三六年して、幕府は定助郷と大助郷の区別を撤廃、人馬負担の平均化をはかるとともに、例外的な大通行時に人馬負担を負う加助郷を追加した。それでも江戸後期から幕末にかけての交通量の増大におっつかない。やがて定助郷の代役を勤める代助郷、期間を限った増《まし》助郷、期間限定のない当分助郷……さまざまな名目を設けて助郷を設定した。

助郷村々も徴発されっぱなしであったわけではない。助郷組合をつくり、不当な要求や負担の不公平には抗議し、抵抗した。農繁期や、宿まで遠い村が徴発されると、金銭を払って請負人に代勤させる方法をあみ出した。

「定出人足請負金前借証文」

一枚の証文が無賃人馬、有賃人馬にかかわらず、人足一人につき二〇〇文で請け負うことを取り決め、一両を前借したことを伝えている。この種の請け負いブローカーがいたわけだ。

どの宿場でも、文政年間（一八一八―一八三〇）あたりから急激に文書が多くなるのは、さまざまな問題が噴出してきたからだろう。争いごとの和解を記した証文を「済口《すみくち》証文」というが、文政四年（一八二一）九月の日付になる平塚宿と助郷組合との「取替済口証文」というのがのこされている。宿問屋を相手取って定助郷四三ヵ村が起こした訴訟の和解を記しており、伝馬役の公平な負担のため、一六項目の取り決めをした。その種の争いがのべつ起きていたわけだ。

取り決めの一つは、急用の予備を差し引いて、平塚宿の人馬八八人と八八疋を助郷人馬より先に使用すること（先遣い）を定めている。当然のはずであるが、わざわざ「先遣い」を改めて確認したのは、宿が常備の人馬を使い切らないうちに助郷に提供を求めていたからだろう。

べつの一項は、無賃の人馬と有賃の人馬の区別なく、宿の人馬を先にあてることを定めている。これだけでは何のことかわからないが、それまでは無賃は宿が継ぎ送りして、有賃は優先的に助郷にまわされた。宿は無賃を強いられ、負担の厳しさから、助郷へ不当な人馬要請をする。そのことを正す意味をおびていた。

「一日は助郷惣代問屋場之立会、御先触拝見致……」

助郷のリーダーが毎日、問屋場で立ち会って、人馬要請の書類を確認する。これまで宿が一方的に必要以上を要請していたからである。ちょっとした証文の記載事項が、宿と助郷のかかえていた問題や争いの背景をかいま見せる。すでに幕府の威光が地に落ち、助郷制度そのものが破綻寸前だったことがわかるのだ。

広重の行書平塚は「馬入川舟渡しの図」とある。一人は天秤棒の両はしに荷をつけ、もう一人は馬で荷物を運んできた。舟待ちの間、旅の男と話をしている。一見、ノンビリした渡し場風景だが、荷運び人、荷馬の人、また旅人が何を話していただろう。舟がもどるまでの世間ばなしのなかにも、くっきりと時代の変化が影を落としていたのではなかろうか。

島田——川渡し

第二三番宿

駿州島田宿《しゅく》は昔の道中記に「町長サ七丁、家二百三十間」などとある。宿の西かたの大善寺の鐘が明《あ》け六《む》ツ（午前六時）を告げるころ、早発ちの列がゾロゾロと西へ向かう。こころなしか緊張の面もちで、弥次・喜多のような陽気な二人組も軽口をたたいたりしない。それも道理で、海道一の難物、大井川の川越《かわごし》が待ち受けていた。

島田市中から一キロあまり、国指定の史跡として一部が復元、整備されており、かつて「越《こし》場《ば》」とよばれていたころの河原町のたたずまいがほぼわかる。「渡渉センター」にあたる川会《かわかい》所《しょ》を中心に、番宿《ばんやど》とよばれる川越人足の詰め所が一〇軒、ほかに酒屋、ソバ屋、旅宿などが軒をつらねていた。

越場に来たからといって、すぐに人足を備えるものではない。大井川は駿州と遠州の国境であって、川を渡るにも、しかるべき手続きがあった。元禄九年（一六九六）の「川越制度改メ」に定められたところが、少々の手直しを受けながら幕末まで踏襲されたようだが、旅人はまず川会所へ出向いて、住所、氏名、旅の目的を届け出る。ついで渡し賃を先払いするのだが、川は日ごとに水量を変えるので、深さと川幅によって渡し料も変化した。人体を規準に、水が体のどこを通るかにより人足一人当たり五通りの料金が設定されていた。股通四八文、帯下通五二文、帯上通六八文、乳通七八文、脇通九四文。その日の料金は明け六ツ前に川方から宿に知らされており、高札場にも「本日は〇〇文川」の旨の木札が掲げてあった。

川越には肩車と連台の二つの方法があって、肩車の場合、股と帯下は一人の人足だが、帯上から上は「水切り」とよばれる助っとがついた。連台だと水深にかかわりなく乗り手が一人のときは人足四人、二人乗りだと六人がかり。駕籠ごと乗せるときは四本棒の連台で二四人がかりになった。これに連台の使用料が一人乗りだと人足賃二人分が加わる。たとえば帯下の川を渡るとき、肩車だと五二文ですむが、連台だと一挙に六倍の値段になった。

ややこしいので川会所には「立会人」とよばれる世話役がいて、旅人の面倒をみた。料金を払うと「川札」というものが手渡され、連台方式だと「台札」もつく。立会人が番宿まで案内。番宿には「陸取《おかと》り」という世話役がいて、旅人から川札、台札を受け取り、川越人足に引き継いだ。札は美濃紙に油(柿渋)を塗ったつくりで、黒印が捺してあり、半分あまりがこより状によってあって、人足は鉢巻きや髪に結びつける。タクシーのメーターであって、業務終了後にその札が現金になった。

「島田　大井川駿岸」

歌川広重の浮世絵・東海道五十三次シリーズは二〇種あまりある。それほど人気があったかしらで、注文に応じて描きわけた。そのうちの主だった八種が版元のツノ書きで名づけをされている。島田宿は当然のことながら川越をテーマにしており、もっとも有名な保永堂版は「大井川駿岸」のタイトルで、パノラマ風に島田側の河原を描いている。おりしも大名の行列が渡渉にかかるところで、先頭の槍持や荷方はすでに川をすすんでいるが、殿の駕籠ほかは広大な河原で待機している。

行書東海道とよばれるシリーズでは、水枯れのころらしく河原に連台が立てかけられ、旅人がのんびりと桟橋を渡っていく。水深がなければ楽しい行楽というものであって、難所でも何でもないのだ。

人物東海道では打ってかわって乳をこえ脇にとどく水かさで、肩車をされた女は両脚を突き出して波頭を避けている。連台チームは胸板厚いのが総出でかかったようで、一様に鉢巻きを締め、ひしめき合って大名一行を運んでいく。人足のリーダーを「小頭《こがしら》」といったが、川留め寸前の水量を前にし、小頭が気合いするどくハッパをかけたのではあるまいか。かなたの空は朝焼け、赤らんで中にまっ白な富士山がスックとそびえている。

竪絵東海道は保永堂版と似ているが鳥瞰のアングルがちがい、絵柄も変えてある。こちらは具体的に川越サンプルを絵解きしたぐあいなのだ。順にいくと、桟橋を渡った先の河原では、大名一行を川庄屋らが出迎えている。先陣の荷方は荷を分けて荷連台に移しかえ、槍持は四人がかりの連台で川へ向かった。そのほかは一般の旅人で、川っぷちでは大股ひろげた男の人足が首を差しこみ、かつぎ上げようとしている。川を渡っていくようすでは帯上から乳通あたりの水かさで、肩車、荷方それぞれに助っとがついている。一人乗り四人がかり、二人乗り六人がかりが急流にかかっており、四本棒の連台は人足が描ききれないので省略技法にゆだねてある。河岸の金谷側がかすんで見えるほど遠いのは、大井川が広大な水の帯であったからだ。つ

人物版

竪絵版

いでながら金谷宿の絵柄でわかるのだが、肩車を下ろすとき、人足はクモのように河原に腹ばいになった。

幼い子にせがまれて肩車をしたことのある人なら、覚えがあるだろう。肩に背負えるのはせいぜい幼稚園どまり。小学生ともなると、とてもかつげない。ところが川越人足は大の大人を肩車し、ときには脇にとどく急流を渡っていった。川原は石、砂、岩角だらけ、そこにコケ、水くさがついてすべりやすい。「権三《ごんぞう》わらじ」という特別のわらじをつけていたというが、それにしても人間を肩にのせて大河を踏みこえるなどのことが、どうしてできたのだろう？

復元された番宿に川越人足を模した人形が据えてある。全身赤銅色で、肩幅ひろく、足腰が太い。人足資格は一五歳から五〇歳まで。一二、三歳から修業に入り、一五歳で「水入《みずいり》」といって業務見習になる。そこからより抜きが厳しい審査の末、「本川越《ほんかわごし》」そして川庄屋に採用された。モデル像の一つは黒々とこげたような裸像で、威厳のある半てんをはおっている。ベテランは「待川越《まちかわごし》」と呼ばれ、御状箱など重要な品を運んだ。四五歳をこえると「口取《くちとり》」といって仲間の後見役。引退後は川会所の運営にあたる「年行事《としぎょうじ》」として、日ごとの水量の判定、賃銭の取り立て、帳簿の記録、人足の配置、渡りはじめの前の下検分、さらに川留め、川明けの判断を述べた。番宿はそれぞれ五〇人の人足を擁し、幕末には大井川の川越人足六五〇名とある。およそ世界に類をみない高度な川の技能集団がいたわけである。

ドイツ人医師シーボルトは文政九年（一八二六）、長崎から江戸に上がるすがら連台で大井川を越えた。ひとかたまりの人間チームが、こともなげに水を切っていく。さながら「半人半魚の男たち」に目を丸くした。この異国人にはふんどし一つの川男にもまして、川渡りそのものが天下の奇観だったにちがいない。鎖国をつづけてきた島国は、建築、工芸、医術、農業、モードほか全般にわたり、西洋人を驚嘆させる文明をやしなってきた。ところがどうだ、川一つ渡るのに人間が人間を肩車して運んでいく。文明の利器といえば、粗末な丸太ん棒を組み合わせた台があるだけ。川を臨んで一挙に未開社会へと逆行する。これを何世紀もつづけてきた日本人のメンタリティを、いったいどのように考えたらいいのだろう？

お江戸護持の幕藩体制が維持してきた歴史の戯画というものだが、江戸人は奇態な制度に悩まされながらも、それをたのしむすべもこころえていたようである。おなじみの十返舎一九の『東海道中膝栗毛』では、弥次郎兵衛・喜多八は川会所のようすを見きわめると賃金の値切りにかかる。折れ刀を腰に武士のふりをして高飛車に出て、特別の連台渡しを交渉したが、化けの皮がはげてお笑い草。即興の狂歌が、「出来合のなまくら武士のしるしとて　かたなのさきの　折れてはずかし」。

「大井川の水さかまく、目もくらむばかり、今やいのちを捨なんとおもふほどの恐ろしさ、たとゆるにものなく、まことや東海第一の大河、水勢はやく石流れ……」

そのなかをスイスイと進んでいく。肩車は人足仲間ではカタクマといった。一番安く渡れるので多くの人が利用した。川札制であるかぎり人足の稼ぎはきまっているが、江戸の制度のつねで一定のお目こぼしがあった。梅雨のころは増水して川留めになることが多い。幕末の慶応四年（一八六六）には連続二八日間の川留めを記録している。おのずと川明けには旅人が殺到する。四月から六月は参勤交代ともかさなって混乱に拍車がかかった。そのようなときは「大通行」といって、川会所で川札を求めなくてもいい。人足仲間の用語ではトリカチ（取勝）、川越人足と旅人とが一対一のやりとりで料金を決めた。いわゆるアイタイ（相対）越で、メーター制に黙認の白タク制を織りまぜていた。

復元された川会所に正徳元年（一七一一）五月付の川奉行の「定」が展示されている。「往来之旅人に対し　川越之者かさつ成事すへからす　無礼悪口等の事あるへからす　たとひ軽き旅人たりといふも大切に思ひ　あやまちなきように念を入へき事」

人足への戒めを冒頭に示したのは、がさつごと、無礼、悪口が日常茶飯事だったせいだろう。旅人は身柄をそっくり相手に託しており、いっときの我慢として聞き流すしかない。「軽き旅人」が何を指すのか不明だが、たぶんに女人を述べてのことだろう。見知らぬ男の前で大股ひろげ、その首を脚にはさんで肩車されるのは、勇気の要ることだったと思われるが、広重の人物東海道に見る女は、派手な帯を垂らし赤い蹴出しをみせ、まんざらでもない顔つきである。

着物の裾をかぶって人足の顔は見えない。男まさりの姐御と魚男とのあいだに、水面スレスレで、イキなやりとりが交わされていたのではなかろうか。

日坂——丸石と水あめ

日坂《にっさか》は新坂とも書いた。そんな宿場が五十三次にあったのかと言われそうだが、品川宿から数えて二五番目。「越すに越されぬ大井川」を越したところが金谷宿で、掛川五万石のお城下に行くまでの中間の宿だった。

あまり人の記憶にのこっていないのは、一つには小さな宿場町だったせいだろう。天保一四年（一八四三）の記録によると、金谷宿の人口は四二七一人、いっぽう日坂宿は七五〇人。東海道五十三次のなかで、坂下、由比《ゆい》についで規模が小さかった。

もう一つの、そしてもっと大きな理由は、宿場よりも郊外のことがひろく知られていて、もっぱらそれが注目され、語られてきたからである。川越の宿である金谷を出ると、箭置《やおき》坂という坂道になる。のぼりつめたところに久延寺《きゅうえんじ》という寺があって、山号が「小夜中山《さよのなかやま》」。ここからゆるやかな長い下り坂になる。尾根を行くかたちで左右まったく人気《ひとけ》がない。寺の山号がそのまま長い坂道にあてられ、西行法師が歌に詠んだので、なおのことこちらが有名になった。

年たけてまたこゆべしと思いきや
命なりけりさ夜の中山

坂の途中に丸い大きな石があって、「夜泣き石」と呼ばれていた。伝説がつたわっていて、昔、妊婦がこの石の近くで山賊に殺された。村びとが見つけたとき、屍のそばに生まれたばかりの赤ん坊がいた。それからというもの、夜になると石から母親の泣き声が聞こえてくる。霊を慰めるため、誰かが彫りこんだのか、丸石には「南無阿弥陀仏」の名号が刻まれていた。

伝説にはいくつもヴァリエーションがあって、その一つによると、寺の和尚が赤ん坊を乳にかわる水あめで育てた。長じてのち、みごと親の仇《かたき》を討ったという。名号についてもべつの話があって、旅の途中の弘法大師が夜泣き石を哀れと思い、名号を書きつけたとか。

広重の日坂は「佐夜ノ中山」となっている。急坂を下ってきたところに丸い大石があり、笠をつけた旅人が不思議そうにながめている。遠くに富士山が見える。右の肩がとび出ているのは宝永山である。宝永四年（一七〇七）、山腹が爆発、溶岩が盛り上がり、肩におデキのようなものができた。

行書、隷書ほかも背後の山はちがうが、ゴロリところがった丸石のモチーフは同じで、それが人々の記憶にしみつき、宿そのものには目が届かなかった。

そんなわけで旧日坂村、現掛川市日坂は、あまり知られていないが、訪れてとても楽しいところである。掛川から向かうと、まず目にとまるのが宿外れの八幡さま。参道、石垣、玉垣、石段と、石がふんだんに使ってある。大同二年（八〇七）、坂上田村麻呂の創建とつたわるから、真偽はべつとして古い由緒をもつことはまちがいない。正式には事任《ことのまま》八幡宮。アタマについた二字が何に由来するのかはっきりしないが、庶民信仰では、願いごとをコトのママにかなえてくださる。すこぶるありがたい神さまなのだ。

石垣の前のクスノキは、土地の精がおどり出たような巨木で、目通り六メートル、根廻り一九・三メートル。巨大な幹が三方に枝をひろげ、まさしく神木のたたずまいである。

本殿わきの大スギがまたとてつもない大木で、目通り六・三メートル、根廻り一一・二メートル。こちらは天に突きささる勢いでまっすぐのびて、樹高三六・五メートル。本殿の東側にあるところから「東の宮様」と呼ばれているそうだ。

日坂地区を迂回するかたちで国道1号と県道が走っており、おかげで旧宿場がよくのこった。「日坂地域振興の会」発行の地図でも、宿場の東口から西口までの距離がおよそ六町半（七〇〇メートル）、「町並みの形態は現在もあまり変わっていません」。

糀屋、秋葉山の常夜燈、高札場、旅籠。小さな宿は本町、下町と区分されていて、こちらは下町にあたる。主に武家が泊った川坂屋、一般の庶民の宿だった萬屋。外観、部屋のつくりにも、あきらかにちがいがある。川坂屋は木組みが立派で、細やかな格子、庭に茶室をそなえていた。幕府の高官、山岡鉄舟などが泊って書をのこしている。書家として知られた巌谷《いわや》一六は、当然のことながら一筆をせがまれた。

萬屋の三階には腰高の手すりがついていて、浮世絵に見るように、旅人が寄っかかって通りをながめていたりしたのだろう。建物のつくりからして、食事を供しない宿だったと思われ、現在のビジネス・ホテルの客と同じで、近くのイタ飯屋の居酒屋ですましたようだ。

本陣跡、問屋場跡のあたりが本町で、宿の中心部にあたる。日坂宿本陣は屋号を扇屋といって、敷地約三五〇坪、建坪二二〇坪。嘉永五年（一八五二）の火事で全焼したが、再建。明治となって本陣を閉じた。明治一二年（一八七九）、日坂小学校にあてられたというから、旧家が新時代の教育に屋敷を提供したのだろうか。現在は豪壮な門だけがのこされていて、広々とした敷地跡が子供たちの遊び場になっている。

本町筋の常夜燈の先で旧東海道は直角に曲がり、さらにもう一度「二の曲り」を経て山中へと入っていく。

それにしても、はたして「夜泣き石」はどこからあらわれたのだろう？　広重の描写では街道にゴロリところがっていたようだが、どこか近くで見つかったのが運ばれてきたものと思われる。丸い石は魂を連想させるのか、いまもときおり、祠にまん丸い石がまつられているのを見かけるから、丸石信仰というものがあるのだろう。形のおもしろさとともに、石に特有の感触、冷たさ、重さが畏怖の念を呼びおこす。それがまた、さまざまな物語を生み出した。ほぼ同工異曲だが、その一つでは小夜姫という名前をもち、山中で賊に殺された。妊娠しており、赤子が無事生まれ、石の上で夜泣きしていた。人々がふびんに思って水あめをなめさせて育てたところ、長じてその子は賊を殺し、仇を報いた――。

同じような話は全国にあるが、小夜中山坂が有名なのは、西行の歌と手をたずさえてひろまったせいにちがいない。この峠をこえて、ふたたび道のはてといわれる東《あずま》の国に向かうにあたり、西行法師は峠の神に歌を献じた。「命なりけりさ夜の中山」、峠近くの丸石が、旅路のつつがないことを念じて手向けするところだった。

説教師や祭文語りには、願ってもない素材である。母と子の哀れを説いて、命なりけりの石に泣かせることができる。ついては懺悔《ざんげ》や供養をすすめて、信仰の功徳を説くこともできる。民俗学者の石上堅《いしがみかたし》の『石の伝説』（雪華社）によると、「泣き出す石」と分類できる石伝説が全国にある。いずれも近くに夜泣き松や妊婦塚ができて、子育て観音までととのったところもある。日坂では久延寺の隣に扇屋というあめ屋が店開きして、子育てあめを商っていた。

現在、久延寺の本堂前のお堂に丸石が安置してある。鈴と賽銭箱があるから、拝む対象なの

「日坂　佐夜ノ中山」

だろう。寺の本尊は聖観音だが、遺児が無事成長して親の仇を討つことができたのも、ひとえに本尊の加護によるところから、「子育て観音」と呼ばれている。広重がモデルにしたかどうかはわからない。保永堂版に見るような名号はついていない。江戸の見世物をつづった本に、「佐夜の中山の夜泣き石」が浅草に出開帳し評判になった由を述べている。それほど一般に知られていたのだろう。評判になったのは、夜になるとたしかに石から泣き声が洩れたからで、そのため夜に詣でてくる参拝者が続出した。

世の中には意地の悪い人がいるもので、評判の石と、それが安置されているお堂をとくと吟味して、石の下に人ひとりが入れるつくりになっており、泣き声はそこに隠れた人間のしわざと看破した。実際、そのようなしくみであったらしい。出開帳は業者が寺にもちかけ、利益は折半といったビジネスの要素が強かった。重い丸石を運ぶのは手間のかかることだったし、丸い石でありさえすればよかったから、わざわざ駿河の日坂から借りなくても、近辺の石でまに合わせることもできた。騒ぎが収まればただの石で、荷厄介になる。そんなことで名号入りは行方不明になったのかもしれない。

石の研究家石上堅は、研究対象に合わせたペンネームのようだが、そうではなくて本名である。東京の生まれ、国学院大学で折口信夫に学び、終生深く師事した。「泣き出す石」だけでなく、撫でられる石、抱かれた石、結婚する石、子を生む石、さ迷える石、物ねだりする石など、さまざまな石伝説を蒐集した。『石の伝説』のあとがきによると、先生からきた手紙には、宛先はあれど宛名はなく、かわりに大きな口をあけて四角い石を噛んでいる顔が描いてあったそうで、カタ物の学生と、名前と研究の一致をおもしろがって、折口信夫はそんな遊びをしたのだろう。超まじめ弟子はそれを「石を噛みしめよ」の意味にとって、ひとしお研鑽にはげんだのである。

掛川――栄華の夢

掛川宿は天保一四年（一八四三）の記録によると、本陣二軒、旅籠屋三〇軒、戸数九六〇、住民三四四三人とある。掛川城をいただく城下町であるとともに東海道の宿場町であって、二つの性格をもつ町として発展した。古い地図だと、逆川《さかがわ》という水路のような川をはさみ、北側には城、侍屋敷、足軽屋敷、南側は宿場町の家並みで両者を堀が囲むかたちをとっていた。今も東から入ると、旧道は幾重も鍵の手に曲がっており、お城の遺構をつたえている。

広重は城下町・宿場町いずれも無視して、郊外の風景を画材にした。画面の下半分にゆるやかなソリをもつ橋がかかり、上半分の左手には、逆のソリをもって凧と凧糸が天高く空に浮いている。左手の細い凧糸に対して、右から黒々とした山がゴツゴツした三角の線で応じている。二つのソリの間に糸の切れた凧が浮かんでいる。

橋は手すりのない土橋で、橋桁《はしげた》、また両端がまっ黒に塗りこめてあって、上の黒々とした山に応じている。

「掛川　秋葉山遠望」

橋のソリは、左かた五分の一あたりが頂点で、ちょうどいま、そこに二人が西からやってきた。僧とおつきの小坊主のようだ。東からは老夫婦とおぼしい二人、そのうしろに村の子供が一人。悪がきがはやし立てるように両手をのばしている。老夫婦がかがんだぐあいなのは、橋の高みにさしかかり、凧の糸を切るような強風を受けて、おもわず這うような姿勢をとったのだろう。東からの両名には背中からの追い風があって、トットとテンポよく、ゆるやかなソリをのぼってきた。川の向こうの田んぼは田植えのさなかで、腰をかがめた村びとが見える。頃は五月、節句の凧揚げのシーズンでもある。

タイトルは「秋葉山遠望」、上の黒々とした山は火伏《ひぶせ》の神で知られた秋葉権現を祀る秋葉山というつもり。実際に九里半（約三八キロ）もへだたっていて、秋葉道へ向かう旅人の胸中のイメージに合わせて大きくひきのばした。

江戸時代は秋葉信仰が盛んで、とりわけ東日本では多くの秋葉講が生まれ、参拝者がツアーを組んでやってきた。東海道から秋葉道が何本も出ていて、掛川では、お城下を過ぎて最初の村境である大池橋を渡ったところが秋葉街道の入口だった。松並木のあいだに青銅の鳥居が立ち、これが一の鳥居。両側に常夜燈があった。

行書版は、「秋葉道追分の図」とあるように、鳥居と常夜燈を正面に描いている。秋葉詣をすませた旅人と、柴を背負った少年が秋葉道をやってくる。

手前の東海道には二組の旅行者が見える。先に行くのは下っぱ侍だろう。天秤棒のうしろは荷物、前に柄袋《つかぶくろ》入りの刀をくくりつけている。こういう刀の使い方もあったわけで、腰にさすよりも、天秤棒のバランスをとるほうが歩きやすいのだ。うしろには二人して大きな荷物を担いだ人足が見える。つき添いの男が荷主だろう。鳥居のかなたに低い小さな山並みがのぞいていて、こちらは秋葉山真景というものだ。

隷書版は「秋葉山別道」とあって、東海道はワキに退き、秋葉道に入ったところ。主従二人が歩きながら、田んぼの農夫に何やら問いかけている。たぶん秋葉山までどれくらいかたずねたのだ。忙しい田植えのさなかであって、農夫たちは聞こえないふりをして作業に余念がない。「ほっとけ、ほっとけ」とささやき交わしていたかもしれない。一人の女が迷惑そうに顔を上げて答えている。

ひところ、静岡県掛川市は全国の行政マンの注目の的だった。「やり手市長」といわれた人が大胆な町づくりにとりくんで、プランをやつぎばやに実現していった。主だったところを順不同であげると、つぎのとおり。

・城跡に全国初の本格的木造による三層四階の天主閣を建設。
・市役所を郊外に新築移転。

・新幹線の掛川駅停車と新駅舎を建設。
・駅前道路の拡張・整備、全国的なスーパー二店を誘致。
・東名高速道路に掛川ＩＣを設置。
・市中の高校を校外に新築・移転。

人口一〇万たらずの町に、どうしてこれだけの事業が実現したのか。どの点で、どのように成果をあげたのか、秘訣は何か。全国から行政の幹部たちが視察にやってきた。新築の新幹線掛川駅で行政チームが鉢合わせして、名刺を交換する風景が見られた。

それから何年かして掛川市をめぐり、またもや視察ブームが起きた。このたびは失敗した町づくりのケースとしてである。スーパーは二店とも、あいついで閉店、町から出て行って、あとに空きビルが残った。新駅前通りに生まれた商店街も、おおかたが店を閉じて広い通りにひとけがない。観光バスのツアー客は、天主閣見物をすませると、さっさと立ち去っていく。新商店街だけでなく、旧宿場町もシャッター街化して、老舗の店が一つ、また一つと消えていった。「地方自治体のホープ」といわれた街が、いまや見るかげもない――。

風の噂に、そんなことを聞いていた。といって、こちらはべつに行政視察に来たわけではない。まずは駅前通りと逆の方向に向かった。寺の片すみに「キリシタン燈籠」というのがあるらしい。掛川藩五万三〇〇〇石、太田摂津守のお城下にあって、厳しい禁制をかいくぐり、ひそかにマリアさまを崇めていた人たちがいたという。

大日寺の石柱を見上げていると、うしろから「ごくろうさまです」と挨拶された。お年寄りグループがゾロゾロと奥へ行く。通路の両側に「南無大日如来」「南無道了尊」のまっ赤なノボリが林立している。ノボリごとに「腰下健全」と染め出してあるところをみると、もっぱらそちらにご利益があるらしい。足腰の守り神のとなりに一メートルあまりの石燈籠があって、そこの浮き彫りがキリシタン伝説の発祥源のようだ。なるほど、棹石のところに聖母風のレリーフがあって、上にアルファベットのFに似た奇妙な文字が刻まれている。禁令の御像のようでもあれば、石工がサービスして天女像を彫りつけたようにもとれる。とすると謎の文字は梵字のつもりだったのかもしれない。真相はともかく、いつのころか聖母マリアを見てとって、いわくありげな伝説が生じたことはたしかである。

駅前通りを北へ向かった。たしかに閑散としていて、新幹線停車の町とも思えない。カフェやレストランのたぐいはなし。食堂兼居酒屋風に「準備中」の札が下がっている。

堀の前にくると、復元された天主閣がよく見える。現代建築学と土木学の成果には興味がないので見上げるだけにした。堀沿いの店の一つに「葛布」の大きなノレンが出ている。江戸の旅行案内に掛川名物の筆頭にあげられている。「くず布」だろう。

葛はキキョウや萩などとともに秋の七草として知られている。豆科の植物で、五、六メートルもの蔓《つる》をのばす。昔の人は何であれ有効に使うすべをこころえていたのだろう。葛の根から葛粉をつくった。滋養に富み、消化がよく、病人食に打ってつけだし、おいしいあんかけ料理にもいける。風邪薬「葛根湯《かっこんとう》」は読んで字のごとく、葛の根が材料になった。

蔓を利用して、繊維を織りこんだのが葛布《かっぷ》である。「くずぬの」ともいって、裃《はかま》や裃《かみしも》用に使われた。古歌にいわく、「これもこの所ならひを門々にくずてふ布をかけ川のさと」。

ショーウィンドウに葛布で織ってハンドバッグや財布が並んでいた。しげしげながめていると、店の人から声をかけられた。二階の工房は本日仕事休みなので自由に見てもらっていい、とのこと。お招きに応じて仕事場へ上がっていった。蔓から繊維を取り出して白い薄いヒモ状にするまでに、辛抱のいる手作業があるが、織るのもまた我慢くらべで、一日中コットンコットン棹を動かして何センチ。手織りのカーテンが窓にかかっていたが、目がさめるように白々と美しい。編み模様が外光を受けて幻影のように浮かんでいる。純日本産ながら洋風の建物に合うモダンさがある。そのことをたずねると、店の人はコックリうなずいた。主にアメリカに輸出され、より抜きのブルジョワの邸宅に使われるという。

木戸跡、番所跡、高札場跡、本陣跡、問屋場跡……。旧宿がすべて跡ばかりなのは、明治以降は城下町として整備され、宿場の要素が消し去られたせいだろう。秋葉常夜燈だけが残っていて、秋葉詣の方は、かわらず賑わったことが見てとれる。シャッター街の噂は大げさで、商店はそれなりに開いている。ただ、たたずまいや店内の古びぐあいからして、現当主の代かぎり、その先は見切る覚悟といったふぜいである。鍵の手の旧道にコンビニと老舗の菓子店が並んでいた。

やり手市長の町づくりに抜かりがあったことは、行政のシロウトにも、少し町を歩いただけでよくわかる。城と新幹線駅とを結ぶ南北のタテ軸と、旧宿場町だった東西のヨコ軸とが十字をえがく町なのだ。その南北軸の大改造を図り、市役所・高校などを郊外に出して新市街を生み出した。跡地が自由になったかわりに人がいなくなった。新駅前通りは観光用であって、見かけは美しいが、市民のこない大通りにスーパーは成り立たない。市役所の移転とともに生まれた郊外店に客をとられて、旧来の商店街が急速にさびれていった。

復元された太鼓櫓を見やりながら、ゆるやかな坂道をのぼっていくと、繁みの向こうに古風な洋館が忘れられたように建っている。はめこまれた大理石に、右から左へ「淡山翁記念報徳図書館」とある。さらにすすむと立派な石の門の前に来た。右に「道徳門」、左には「経済門」と刻んである。玉砂利の広場をはさみ、勇状な甍《いらか》の屋根がそびえ、左右から古木が枝をのばしている。

「報徳社運動」といって、二宮尊徳の教えを報じる人々が、荒廃した農村のたて直しにとりくんだ。明治の初め、全国で一〇〇〇社を数えた。とりわけ東海地方に根を下ろし、明治八年

（一八七五）、岡田佐平治が遠江一〇〇社をまとめ、遠江国報徳社を結成。これがのちに大日本報徳社に発展した。正面に建つ二つの石柱の示すように、経済の独走を、モラルの目がいましめる。報徳社の活動は日本で最初のエコロジー運動でもあった。

正面の建物は大講堂で、左は図書館、右に寮と事務棟という配置になっている。大講堂は寺院のようなつくりだが、西洋風の窓がついていて、やわらかな明かりが差し落ちてくる。いまも日曜日ごとに「常会《じょうかい》」が開かれ、幹部の講話がおこなわれているそうだ。そのための机や椅子が置かれ、講堂の入口のテーブルは受付の標示。どういう用向きか大型のインク壺が置いてあった。

駅前の広場の石に腰を下ろしてひと休み。このときはじめて気がついたが、台座の上に薪を背負って本を読んでいる、おなじみの二宮金次郎像が立っている。まわりに高校の制服姿が三人、てんでにちがう方向にすわって、一心にスマホのゲームに興じていた。

袋井——タバコ

第二十七番宿

広重の東海道でタバコをふかすシーンを数えると、どれほどの数にのぼるものか。

袋井の宿の西の出口。榎《えのき》の大木のかたわらに粗末な出茶屋《でぢゃや》があって、腹掛けをした飛脚が休息をとっている。右に茶碗があって、茶屋の女にお茶をふるまってもらったのだろう。それから、やおらタバコを一服。

すぐ前にカマドが築いてあり、榎の枝から紐でぶら下げた大きな薬缶《やかん》がのっている。カマドの燃えぐあいが悪いのか、さかんにいぶっていて、茶屋の女が火箸でほじったりしている。そばに駕籠かきが二人。一人は駕籠をたたむところ。もう一人はカマドでキセルに火をつけている。宿の出入口の棒鼻には関札がつきものだが、小鳥がとまっている。啼き声を聴きつけたのか、飛脚がキセルを口からはなして、首をねじまげて小鳥を見ている。

一つとんで浜松宿。こちらは「冬枯ノ図」と題してあって、正面中央に杉の大木。根かたで宿場人足風の男四人が、たき火にあたっている。冬枯れの頃だというのに、いずれも上に一枚はおっただけで、下はふんどしのみの丸出し。一人はお尻をあたためるかね合いではおったのを引き上げ、背中と尻を火に向けて、キセルをふかしている。

少しはなれたところに菅笠、被り合羽の旅人がいて、やおらキセルを取り出したが、四人の風体を見て、火をかりたものかどうか思案している。赤ん坊をせおった女が、熊手で落ち葉をかきあつめている。

行書東海道では池鯉鮒《ちりゅう》の宿。すぐ東は「並木八丁」と呼ばれた気持のいい杉並木。お伴をつれた町人二人が、タバコの火をつけ合っている。一方の松の根かたに昼寝の男。向かいの根かたで年配の夫婦が茶を飲みながら休息している。おかみさんは両膝をかかえ、口にはキセル。

坂ノ下宿。鈴鹿山を越える峠は、峨々とした岩山眺望の名所で、茶屋がある。じいさんが渋茶をもってきた。四人の客はそれぞれ思いおもいに、一句ひねったり、手を額にそえて打ち眺めたり、のこる二人はタバコをプカプカやりながら何やら言いかわしている。視覚と味覚を同時にたのしんで、ご満悦だ。

日坂宿を出ると、有名な佐夜《さよ》中山。いわずと知れた「夜泣き石」のあるところ。行書版では駕籠かきが年寄りを乗せてエッサホッサとやってきた。そばの女はつき添いのようだ。前にゴロリと夜泣き石がころがっていて、道中合羽を身につけた町人風が、タバコをすいながら、もう一人に話しかけている。タイトルに「無間山遠望」とあるのは、北西一キロばかりのところ

「袋井　出茶屋ノ図」

の山に無間山観音寺がまつられているからだ。

隷書東海道の土山は、「キセルタバコを吸いながら」と題してもいいだろう。川沿いを行く三人が描かれていて、先頭は柄袋つきの刀を肩に担いだ武家で、お伴のいない下級武士のようだ。担いだ刀の袋をぶら下げ、タバコを吸いながらノンビリと歩いていく。

うしろは傘を背中にくくりつけた男で、腰にタバコ入れ。ふかしながら歩いていて、炭俵をになった女に火をかしてほしいと呼びとめられたのだろう。キセルとキセルをくっつけ合って火をうつすわけだが、単にくっつけるだけではダメ。もらう方が吸いこまないと火はうまくうつらない。農婦は左手の指先をそえて上手に吸いつけている。土山の一つ西は水口宿で、キセルの産地としても知られており、それにちなんで広重はキセルづくしにしたのかもしれない。

行書奥（興）津宿では、田子の浦、清見潟の美しい海岸を背景にしている。荷物といっしょに馬に乗った僧侶が、浜に目をやっている。馬子はキセルをくわえ、キセルの先で指さすぐあいだ。うしろに巡礼。竹籠をせおい、熊手を担いだ村の子どもには景色など用なしで、うつ向いてトットと通りすぎる。

ほかにも、いたるところにタバコのみがいる。行書版品川宿は、宿の南の通称鮫洲《さめず》の朝の茶屋をとりあげており、一人がお茶を飲みながら海面に居並んだ漁の舟をながめている。もう一人は突っ立ち、茶屋の奥をうかがいながらタバコをのんでいる。看板に「あなご御茶漬」「酒

「土山」隷書版

肴品々」とあって、そちらが気になるらしいのだ。

つづく川崎には六郷の渡しがあるが、渡し船の客の一人は、はやばやと下り支度をすませ、荷を背負ったまま一服。

行書平塚は馬入川の渡し。平田船といって、平べったい舟が往き来していた。すでに出たあとで、対岸近くに小さく見える。もどってくるのを待つあいだ。旅人と馬子が一服しながらおしゃべりしている。旅人の左手には、赤いおシャレなタバコ入れが見える。

大磯宿の海に面した小余綾《こゆるぎ》の磯は古くから歌枕として知られていた。西行法師が海辺の鳥を歌に詠んだ。「心なき身にもあはれはしられけり鴫立沢《しぎたつさわ》の秋の夕ぐれ」。のちに西行を偲んで庵を立てた人がいて、いつしかそれが名所になった。隷書版では宗匠と女二人の三人旅。庵の縁に腰かけて宗匠が指さしている。女二人は前に立ち、一方の女はタバコを吸いながら、飛び立つ鴫を見やっている。

原宿は富士山がもっとも近くに見える宿場であって、浮世絵師には腕の見せどころだ。広重は北斎にならって山頂をワクからはみ出させた。お伴をつれた母娘が白雪の富士山を眺めている。旅慣れた母親は右手にキセル。

吉原と蒲原のあいだにあった間《あい》の宿を「本市場《もといちば》」といった。茶屋の名物が「山川白酒《さんせんはくしゅ》」。山中の水が白くにごっていて、それと似た色なのでこの名がついた。行書版では、大きなカメからくんでもらったのを、床几《しょうぎ》に腰かけた男がうまそうに飲んでいる。前の二人は白酒は見送って、タバコがお伴の立ちばなしにした。藤枝の問屋場、人馬の申し送り、手のあいたのがタバコで一服。見附から浜松へは天龍川を舟渡りする。客待ちの船頭がキセルタバコをふかしている。白須賀《しろすか》宿を出て汐見坂を上がると遠州灘が一望のもとに見える。行書では足をとめた三人づれ、しんがりの男はくわえキセル。石部宿の西の入口。行書では、帰り馬でアブク銭を稼ぎたい馬子が三人、馬をつれてたむろしている。二人が何やら口論しだしたのを、年かさがなだめているようだ。そのいさめ役の手にキセル。行書大津は琵琶湖畔。鮒鮓《ふなずし》と酒を出す茶屋の店先、手もちぶさたの駕籠かきが、商売物の駕籠に腰かけて一服している。

タバコが日常の親しい嗜好品であって、老若男女、また貧富を問わず、ことあるごとにたしなんでいたことが見てとれる。大名行列や、かしこまったシーンでは見かけないにせよ、その前後の息抜きには、必ずやタバコ入れからキセルが取り出されただろう。おのずとキセルやタバコ入れ、腰につける根付にも手をつくし、おシャレなのがあらわれた。女性用ともなると小ぶりのつくりで、更紗に花卉《かき》文様入りといった華やかな品が伝わっている。

タバコの伝来については、いくつかの説がある。その一つによると、慶長一〇年（一六〇五）ごろ、長崎の「桜の馬場」というところに植えられたのが始まりだという。別の説によれば、慶長年間（一五九六〜一六一五）、はじめて薩摩国指宿《いぶすき》におめみえした。長崎、鹿児島と場所はちがっても、東海道の始まりとほぼ同時期に、まず九州の地にタバコの種がもたらされた。

そのひろまり方にもいろんな説があって、『薩隈煙草録』といった記録によると、薩摩藩主が京都・近衛家に献上したのが山城の花山《かざん》に根づき、ついで畿内から全国にひろがったという。いかにもありそうなことに思えるが、薩摩タバコが京都の近衛家で付加価値をつけようとしたのかもしれない。むしろ各地のタバコの由来記のほうが、ひろがり方の特徴を示している。

相模国秦野《はたの》は「秦野タバコ」で名が通っていたが、当地出身の廻国修行者が肥前より種子を持ち帰ったのが始まりだそうだ。「松川タバコ」の産地、福島県松川に伝わるところによると、当地の延福寺という寺に薩摩の禅僧が訪れたとき、手土産としてタバコの種をもたらした。甲斐国釜無川西寄りの龍王は「龍王タバコ」で人気があった。慶長三年（一五九八）、里人が神官の手引きで大和の平群《へぐり》郷よりタバコの種をもらい受け、郷里の神社に植えた。それが甲斐一円にひろがった。

似たような話が各地にある。時代はおおよそ慶長年間、廻国修験者、僧侶、神官などが仲介役をしている。こまかいところはともかく、大筋は事実を伝えるにちがいない。九州にもたらされたものが、おどろくほど迅速に西国、東国へとひろがった。修験者や僧や神官は、布教のためにも民衆の生活ぶりをよく見ている。土地が火山性だったり、水の便がなかったりして米がとれず、作物が十分に育たないことに、つねづね心を痛めていた。タバコは乾燥した痩せ地でこそ育つ。信仰の情報網でいち早くキャッチして、土地の人々に伝授し、栽培を奨励した。

「上野《こうずけ》には高崎、岩崎、石原、甲斐には小松、薬袋、信濃には玄古、生阪、保科……」

研究者によると、天和三年（一六八三）の記録にすでに、各地の名煙があがっている。人気商品であって、根づかせて栽培するだけでなく、味はもとよりシャレたネーミングでブランドを競っていた。広重の浮世絵はこの上なく的確に、一つの嗜好品が日本人の生活にとけこみ、旅に不可欠のアクセサリーになっていたことを示している。

たばこと塩の博物館編『ことばにみる江戸のたばこ』によると、文政三年（一八二〇）の古書に、生産地から江戸に運ばれたタバコの量と、推定一一〇万とされた人口から、喫煙率を類推した記録があって、「非喫煙者は一〇〇人のうち、二、三人」だったはずだという。もとになった数字は信頼性が高い。とすると喫煙率九七、八％。江戸は世界でも類のないスモーカー都市だった。

だからこそ「ヤニ下がる」といった愉快な言い方が生まれたのだろう。キセルでタバコをたしなんでいるとヤニ（脂）がたまる。パイプも同様だが、パイプはヤニが直接、口にこないように、いちどグニャリと曲がり、底にためるつくりをとっている。いっぽう、キセルはまっすぐなので、羅宇《ラウ》（またはラオ）と呼ばれる竹のくだの部分にたまってくる。キセルは下向きなり、横にまっすぐにしてすっている分にはかまわないが、うっかりキセルを上向きにしてすいつけると、熱くて苦いヤニを口にしなくてはならない。何やら得意ごとがあって、気どったポーズをとったりすると、ヤニ下がるのだ。広重のタバコのみを、虫眼鏡をあてて見ていくと、通人ぶったのがキセルの雁首を上にあげてプカリとやっている。

刻みタバコは細かく刻むほどマイルドになる。となれば刻みの名人が出てきても不思議はない。江戸の喫煙率九七、八％の時代は、まさに広重が東海道シリーズにたずさわっていたころ合いである。街道に見るタバコのみの会話には、火の貸し借りのついでに、刻みぐあいが話題になっていたかもしれない。「こすり」と呼ばれ、髪の毛ほどの細さに刻む名人気質のタバコ職人がいた。名人芸をめざすのがいれば、大量生産で売り上げる企業型もいた。カンナ刻み器、ゼンマイ刻み器といった細工物が伝わっていて、効率をめざす業者が用いた。宿場人足や馬子がくわえタバコをした類は、大量生産の品だったと思われる。

江戸後期になると、キセル、タバコ盆、タバコ入れ、火付け道具など、どれといわず工芸的センスをきわめたのが生まれてきた。タバコ文化到来であって、舶来のものをとりこんで、自前のものをつくっていく日本人の器用さ、文化的風土というものにちがいない。

「花は霧島、タバコは国分《こくぶ》」

民謡調のコマーシャルソングが、かつてのブランドタバコを伝えている。通人は着物や帯にかぎらず、タバコの銘柄にもこだわった。「タバコは鹿児島にかぎる」などと言ったのではあるまいか。

タバコが健康とからめて嫌われものになった当今では想像つかないのだが、葉タバコの専売制が実施された翌年の明治三一年（一八九八）の資料によると、徳島県五〇八九ヘクタール、栃木県四〇六〇ヘクタール、鹿児島三七四一ヘクタール、葉タバコの耕作面積御三家である。最盛期にあたるが、実はその前に、タバコの争奪戦があった。専売制に移行する前のことだが、刻みタバコに巻きタバコがとって代わり出したころ、東京の岩谷天狗と京都の村井兄弟商会が、タバコ産地で熾烈な買いつけ合戦を演じた。タバコの生産地に双方の仲買人が入りこみ、問屋筋からも応援がきて、耕作者の家で札束を積み上げた。

そんなとき、土地の神社に寄進したので、以来「タバコ神社」などと呼ばれた。野洲タバコで知られた町で見かけたが、記念の額が奉納されていた。ただ現在ではタバコ神社にも人々の足が遠のいたのだろう。手入れされない境内は草が繁り放題で、吹く風になびいていた。

袋井宿は江戸、京のどちらからも、数えて二七番目にあたる。「東海道どまん中」が町のキャッチフレーズだが、旧宿場らしい雰囲気はまるきり残っていない。安政の大地震（一八五四）で大きな被害を受けた。それから九〇年後の昭和一九年（一九四四）一二月、東南海地震にみまわれた。戦争中のことで軍の規制が厳しく、ほとんど報道されなかったようだが、旧袋井宿はほぼ全壊。火事が起きたのだろう、古文書、資料なども失われた。死者一二三人を数えたというから大惨事だった。

もともと原野谷川、沖之川、宇刈川の三つの川に囲まれた低地帯で、まわりに土塁をめぐらしていた。「袋の中」から、袋井の地名がついたという。軟弱な土地で、地震にはひとたまりもなかったわけだ。

広重は宿自体は遠景にして、榎の下の粗末な出茶屋とタバコ一服の景でまとめた。背後に、だだっぴろい野がひろがっている。行書東海道の袋井は、ほぼまっすぐな松並木で、手拭いを道中かぶりにした旅人がこちらに向かってくる。すれちがった女は手拭いを頭に吹き流しにして、裾をはしょり、白い足を見せている。風呂敷一つの軽装で、ややイロっぽい。こちらに向かって勢いこんでくる旅人は、何かの誘いを言下に拒否したようにもとれる。

袋井旧宿はあとかたもないが、ひろびろとした野の風景のなかに、松並木がかなり残っている。市中には「どまん中茶屋」といった施設がつくられているが、郊外の素朴な風景がいい。広重も広い空と広大な野のひろがりが気に入ったのだろう。隷書東海道は、その大空に高々と雄大な遠州凧を舞い上がらせた。

浜松――高札のこと

浜松宿は古くは「引馬《ひくま》」といって、天竜川の渡船場として始まった。のちに浜松城の城下町となり、さらに宿場が置かれ、大いに賑わった。本陣が六軒あって、箱根宿と並び、東海道でもっとも多く、旅籠は九四軒を数えた。

その賑わいの町が、なぜか広重では、ものさびしいイメージで描かれている。題して「冬枯《ふゆがれ》ノ図」。宿外れだろう、杉の大木がそびえ、その根かたで駕籠かきと思われる男四人が焚火をしている。冬枯れの寒々しいなかに、ふんどし姿で、上っぱりをひっかけただけ。街道にたむろする雲助のたぐいのようだ。それかあらぬか、菅笠に被り合羽の旅人は、タバコの火をかりようか、かかわらないでいこうか、思案顔だ。

そんな前景よりも、少し向こうの松で囲まれた一郭。榜示杭《ぼうじぐい》と立札から高札場と思われる。ふつうは人通りの多い場所につくられるものだが、浜松ではこのような宿外れにあったのだろうか。

ここではさびしげな松だが、行書版ではたくましい老松で、「ざゝんざの松」とうたってある。隷書版では波高く荒れもようの海に、大木が対峙したぐあいで、わきに宗匠らしい人物が佇んでいる。

「ざゝんざの松」は『東海道名所図会』に語られているエピソードで、永享四年（一四三二）九月、将軍足利義教《よしのり》が富士見に向かう途中、この松の下で宴をひらき「はま松の音はざざんざ」と謡《うた》ったことから命名されたそうで、三〇本ばかりの松林だったとか。やがてそれが名所となって、その賑わいから高札場に利用されたとすると、ふだんはいたって賑やかなところなのかもしれない。

高札場自体は、五十三次のはじまり、「日本橋　朝之景」にすでにお目見えしていた。石垣の上にのったかたちで、まわりを背の低い格子が囲っている。小屋根がついていて、前方が開いたままの小屋といったぐあいだ。

全体は南側の木戸から正面に橋をとらえた構図で、左の木戸に隠されて高札場は半分しか見えないが、何枚もの板の札が掲げてあることはわかる。高札は立札ともいって、法令や掟書《おきてがき》、政策、道徳などをしるしていた。高札の制度は中世末期に始まって、江戸時代にもっとも盛んだった。明治六年（一八七三）廃止。

高札を掲げるところが高札場であり、その土地分は年貢を免除された。江戸市中には日本橋

「浜松　冬枯ノ図」

など六ヵ所に大高札場、ほか三五ヵ所に高札場があったといわれている。石垣、格子、小屋根つきが大高札場で、そのほかは立札式の簡素なものだった。

街道ではおおかた、宿の境界を示す榜示杭のわきか、本陣横に設置された。もっとも通行の目につきやすいところであるからだ。

それはともかく、現在は浜松市博物館に保存されている一つに「徒党札」と称された高札がある。明和七年（一七七〇）四月、全国に布告された。

まず「定」とあって、以下を表記のまましるすと次のとおり。

何事によらすよろし
からさる事に百姓大勢
申合せ候をとゝうととなへ　ととう
してしゐてねがひ事　くハ
たつるをこうそといひあるいハ
申あハせ村方たちのき候を
てうさんと申前々より御法度候条
右類の儀これあらハ居むら

他村にかきらす　早々其すじの
役助江申出へし

三行目の「ととうととなへ」は「徒党と称し」、四行目の「しゐて」は「強いて」、五行目の「こうそ」は「強訴」、七行目の「てうさん」は「逃散」といって、農民が抗議のため、いっせいによそへ立ちのくこと。

つづいては密告のすすめで、申し合わせに気づいて役所へ申し出た者には、「御ほうひ」をとらせる。

ととうの訴人　　銀百枚
こうその訴人　　同断
てうさんの訴人　同断

場合によっては苗字帯刀を許す。たとえ仲間に加わっても、首謀者の名前を訴え出てくれば、罪を問わず褒美をとらせる。村々が騒ぎ立ったなかで、反対の声をあげ、騒ぎをしずめる役をつとめた者には、褒美の銀に加えて苗字帯刀を許す――。

読みやすい仮名を多くして、くり返し褒美でもって密告を奨励した文面からも、幕府側の強い意向が感じられる。それだけ集団的デモ行為に手を焼いていたからだ。

歴史年表をひらくとわかるが、その数年前から各地で事件が頻発していた。

宇都宮藩の農民が年貢増に抗議して豪商宅を打ちこわした（籾摺《もみすり》騒動）。

美濃大垣の農民が年貢米の軽減を要求して強訴（西濃騒動）。

越前福井藩の農民が御用金に反対して一揆（みの虫騒動）。

伊勢亀山藩の農民が新検地に反対して打ちこわし（富山騒動）。

新潟の町民が御用金に反対して一揆（新潟湊騒動）。

そのほか、くわしく記録にあたれば、毎日のようにどこかで騒動が起きていたことがわかるだろう。どの藩も財務窮乏で借金ずくめ。年貢増と御用金でしのぐしかなく、それが思いがけず強い抗議や反対に遭遇した。

人々はもはや黙ってはいないのだ。新潟の事件では町民が奉行を追い出し、一揆方が町政を掌握した。ほんのしばらくにせよコミューンが出現したわけである。幕府は一揆鎮圧に奉行所のスタッフでは足りず、もよりの領主の出兵を命ずるまでになった。さらに肥前唐津藩の農民・漁民が新税に反対して強訴（虹の松原一揆）、丹波篠山藩全領の農民が減免を要求して蜂起、飛騨幕領の農民が新役賦課等に反対して一揆（大原騒動＝明和騒動）などが立てつづけに起きている。一つの高札が、おのずと幕藩体制の崩壊のきざしを告げていた。

浜松城は徳川家康が駿府に移るまで、一七年間を過ごしたところであって、この間に姉川、長篠、小牧などの合戦を通じ、全国制覇の足がためをした。そのことから世に「出世城」と呼ばれていた。町は城下町と宿場町の複合した「御役町」として発展した。

慶応四年（一八六八）正月、浜松の高札場に「東海鎮撫総督府布告」なるものがお目見えした。鎮撫総督は鳥羽・伏見の戦いで勝利した官軍が山陰・東海・東山・北陸の諸道に任命した役職で、それぞれの街道を進軍していくにあたり、先々の村や町に総督名で一五代将軍徳川慶喜を討ち、朝廷が新政府になることを告げ、幕府の発信施設をちゃっかりと利用したわけである。

同年三月、「五榜の掲示」が掲げられた。これまでの幕府の高札をすべて取り払い、代わって五枚の高札を掲げた。新しい政府と新しい時代の速報だが、これまでさんざっぱら禁令で脅かしてきた高札場が、にわかに「王政御一新」を報じても、はたしてどれほどつたわったものか。

知られるとおり、昭和八年（一九三三）浜松に陸軍飛行場がつくられ、最終的には「特攻」基地となった。そのためB29の大空襲を受け、町は徹底して破壊された。だから旧宿のおもかげは何もない。ただ「ざゝんざの松」は代がわりして、何代目かが緑の枝を繁らせている。

新居——うみの関所

新居《あらい》宿は現在の標示だと静岡県湖西市にあたる。浜名湖が海と接するところ、地図には「今《いま》切口《ぎれぐち》」とある。もともと砂洲でつながっていたのが、明応七年（一四九八）の大地震で決壊、砂洲は高潮に呑まれ、浜名湖が海とつながってしまった。砂洲が切れたので今切といい、海上一里（約四キロ）を渡るために渡し舟にのらなくてはならない。慶長五年（一六〇〇）、西岸の宿に関所が設置された。まさに関ヶ原の戦いの年であって、家康が防衛施設として設けたと思われる。

前駅は舞坂である。舞坂の浜を出た渡し舟が新居の渡舟場に着く。新居を古くは「荒井」と書いたのは、遠州灘の波が荒かったからだろう。石段を上がると板塀の前に用水桶があって、かたわらにいかめしく槍や刺股《さすまた》が立てかけてあった。このあたりは箱根と同じである。関所の大広間にあたる面番所で、旅行者は通行手形の吟味を受ける。女性は別棟の「女改長屋」で取り調べを受けた。関所はいかめしい柵で仕切られていて、全体が閉鎖されたつくりになっていた。問題なしとなってはじめて大御門を出て、宿場町へ入っていける。
広重の「舞坂　今切真景」と「荒井　渡舟ノ図《わたしぶね》」は対のようにつくられている。少なくともペアのように見ていいだろう。舞坂では前景に高低不揃いの杭《くい》が並んでいる。遠州灘の荒波にかんがみ、幕府は舞坂寄り半里のところに波除杭《なみよけくい》を打ち込み、波除堤を築いた。前景の杭と若木の植わった堤がそれだろう。ムシロ旗を立てたのが渡し舟で、中景に入江と漁の舟が点々とちらばっている。浜名湖は魚介が豊かで、わけてもアサリ漁で知られていた。
渡船は新居宿の船頭一二人のもとに一二組で組織され、一つの組は船頭を含めて乗り手三〇人、船一〇艘と定められていた。全体では乗り手三六〇人で船一二〇艘である。一組三〇人の渡船役のうち、一人を船頭頭《せんどうがしら》二人を添頭《そえがしら》といい、一二人の船頭頭は二人がペアになり、毎日交代で関所エリアにある舟会所に詰めてお役をつとめた。渡船には一艘につき船頭一人、水主《かこ》二人が乗り組み、勤務システムによって次の四種に分かれていた。
かきの番船　五〇艘　毎日舟会所に詰めて渡船業務につく。夜間も継飛脚《つぎびきゃく》や関所の用向きで船を出した。
遊番船　一〇艘　継飛脚の状箱や御用物、触状《ふれじょう》などを渡す役船。
非番船　四四艘　大名その他の大通行のときに出船した。
舞坂詰船　一六艘　前の晩より舞坂側の船着き場に詰めて夜間の御用をつとめ、翌朝、旅人を乗せて新居へ一番で渡す。

船賃は、どうもはっきりしないのだが、幕末・安政年間に出たと思われる『行程記』によると、船一艘五〇六文、乗合一人前・四九文とある（岸井良衛『新修五街道細見』）。ずっと古い万治二年（一六五九）刊行の『東海道名所記』には、一艘の借り切り一三〇文。ただし尾州、紀州の衆には一〇〇文とあるようだ。『細見』にいう、「乗合は一人四銭、のりかけは人ともに十五銭、一駄荷は廿二銭なり」。

一つの宿場の問屋が決めるわけだから、物価に応じてすぐさま改定できる。権現さまお墨つきの独占路線であって、商権を侵害されるおそれもない。客は船にゆられていればいい。これで関所さえなければ長い街道のなかで、もっともこころ安らぐひとときであって、船中の中《ちゅう》間《げん》の大あくびがもっとも似合いのコースといえた。

広重では、遠景には突兀《とっこつ》として黒い山がそびえ、遠くに白い富士の峰がのぞいている。濃い藍色の海上に白い帆が二つ。いましも、かなたの新居宿に向かっている。

つぎの「荒井」図では二艘が西岸近くまで渡ってきた。波除杭が切れてあとは波が高いので、たいていは岸寄りのコースをとった。前を行くのは幔幕《まんまく》を張りめぐらした帆船で、幕の上に突き出た白《は》熊槍《くまやり》や吹貫《ふきぬき》からして大名一行が乗っている。あとにつけるのは中間用で、ふつうの渡

「荒井　渡舟ノ図」

し舟をあてがわれた。船着場が近づいたので、船頭がムシロの帆を調節している。もう一人が竹を突いて向きを変えている。中間たちは街道では緊張を強いられるが、専用の貸し切り舟となると気楽なので、うたた寝をしていたのが両腕をのばしてあくびをしている。

渡船場の前方は広場で、柵で仕切られた右手に関所の建物が見える。柵の奥にあって、屋根のひしめき合ったところが新居宿である。空は眩しいような黄金色、海は濃淡の澄んだ藍色、舟、船頭、中間たちのかぶり物、幔幕の紋、いずれも色あざやかな彩色のなかで、宿と関所は灰色と黒だけ。先の渡しで上陸して、関所に向かう旅人らしいのが、ケシつぶのように小さな黒い点として見える。

新居関所は暴風雨に大地震で被災し、二度移設をくり返し、三度目の宝永五年（一七〇八）、現在の場所に落ち着いた。

設置されて一〇〇年ばかりは幕府直轄の管理運営だったが、元禄一五年（一七〇二）、三河国吉田藩に委任された。そのため役人衆にも変化があって、幕府直轄のときは関所奉行とその配下の与力・同心体制だった。時期によって多少の相違はあったが、おおむね与力一五人、同心五〇人。全国の関所のなかでも、とくに多くの人数があてがわれていた。

吉田藩管理に移ったとき、スタッフは江戸へもどったが、吉田藩は関所運営にくわしい者をスカウトしたのだろう。与力・同心七名が「貰い請け役人」として吉田藩に移籍した。以後も吉田藩主の転封移動にかかわらず新藩主へ「貰い請け」されて関所の実務にあたった。

吉田藩の関所運営では、トップの者頭《ものがしら》が二人。二人のうちの上席は番頭《ばんがしら》といった。それぞれに配下の足軽が一〇名ずつで計二〇人、馬廻九人、徒士目付《かちめつけ》九人、関所づきの足軽二人と改女が二人、つごう五〇人ほどで運営した。箱根では小田原城下から交代で赴任してきたが、新居では全員が関所に近い新居宿に住んでいた。

新居は海と湖に囲まれた関所であり、背後には浜名湖がひろがっている。漁が盛んで、多くの漁船が行きかっていた。それは関所にとって不都合きわまりない。箱根のように山を要害地として堅固な壁とすることができない。やむなく浜名湖沿岸の五〇の村々を指定して、旅人監視の責務を負わせた。そして一〇年に一度、巡回して村々を監督、その巡回は「海辺改め」と呼ばれていた。

現在の新居関所は安政二年（一八五五）に建て替えられた建物を修復した。全国で唯一現存する関所建物という。あわせて史料館が設けられていて、あらためて江戸の旅事情がよくわかる。

史料館に残されている最古の通行手形は、元和元年（一六一五）発行の女手形で、駿河国駿府の太郎介の女房が京都へ行くにあたり、駿府町奉行彦坂九兵衛光正の許可を得たもの。

女　壱人　駿府　右京都迄参候　是ハ太郎介女房之由　江川町六郎右衛門請負候問無相違可
被通候　以上
　印　八月廿九日　□□□ ㊞
　　新居□□

□□のところは破れていて読みとれない。どんな用件が生じて女房が京へ行く事態になったのかは不明だが、保証人を定め、奉行に申請し、くわしく事情を申し立ててやっと許可にたどりついた。

通行手形は、のちに往来手形と関所手形に定式化した。手形は切手ともいった。一般庶民には往来手形は寺から発行された。当の者は当寺の檀那に相違なく、このたび、かくかくしかじかの理由により、どこそこへ出向くので、しかるべくお取りはからいを願いたいという文面で、旅行者の住所・氏名、寺の役寮の印が捺してある。身分証明書でもあって、つねに身につけている。

関所手形は、町方《まちかた》なら大家、村方は名主が発行したもので、関所を通る際に提出した。これはもどされないから、何通も所持していないと旅ができない。おなじみ弥次喜多道中では、両人とも檀那寺に不義理をしているため、往来手形をもらうのにとくべつのお布施をしなくてはならなかったし、大家にはどっさり家賃をためていて、関所手形をとるのに苦労した。パスポート入手にまつわる厄介ごとからも、おおかたの人にとって旅行が一生に一度あるかないかの大事だったことがわかるのだ。

史料館には「女改」のセクションに示されていたが、女性の「女手形」には通行人の数、乗物の有無、出発地、目的地、「禅尼、尼、比丘尼《びくに》、髪切、小女《こおんな》」の区別、さらに身につけている衣服も明記しなければならなかった。「小女」とは〇歳から振袖を着ている間の少女のこと。ついては一つのサンプルが紹介されている。丸亀藩の娘（二二歳）の一行が新居の関所で藩発行の手形を提出したところ、通行を拒否された。娘が振袖を着ているのに、手形には「女」とだけ記載されていたからである。やむなく使者を大坂につかわし、新しく手形を取得、やっとことなきを得た。「小」の一字のために一行は七日間、新居宿に逗留しなくてはならなかった。

「入鉄砲」のケースだが、水戸藩主徳川光圀が鉄砲一挺を京都より江戸へ取り寄せる際の手形が伝わっている。留守居の板倉市正重大が、幕府老中に申請して、老中稲葉正則、久世広之、土屋数直、阿部播磨守正能、以上四名連名、印つきの手形が新居奉行宛に発行されて、やっと一件落着。天下の副将軍といえども、それだけの手数をかけなくては鉄砲一挺といえども関所通過とはならなかった。

もとより関所破りはきわめて厳罰で、箱根と同様に「於其所ニ磔」とあって、問答無用で現地で殺した。手引きした者も同様だった。

「但　女ハ奴」

「やっこ」といって、かかわりの女は、まるでチンコロのように所望する者に与えられた。所望する者がなければ牢送りである。

文政一二年（一八二九）一一月のケースだが、長崎奉行の勤めを終え、江戸に帰ることになった本多正収の家来の中間が、長崎で知り合った女をつれての帰路、新居関所を避けて浜名湖の北を山越えした。のちに発覚、中間は捕えられて牢死。死骸は埋葬されることなく塩漬けにして新居へ送られ、あらためて磔にされた。のみならず主人本多家の近習、同輩三人が死罪、女二人が奴、下働き四人が入牢、上司は閉門。見せしめの意味があったのだろうが、その過酷さに、誰もが戦慄を覚えたのではあるまいか。

先に触れたとおり、「舞坂　今切真景」には、中央にドンと黒い山がそびえ立っている。浜名湖東岸にそんな山はなく、広重のフィクションであって、絵柄の変化を求めて作意を加えたとされている。

たしかに構図上の必要もあったのだろうが、それだけではなかったような気がする。三〇、三一をペアでながめると、怖ろしげな黒い山と、灰と黒ひと色の関所とがかさなり合うのだ。舞坂の渡し場を出るとき、旅人の胸に黒い山のような不安がきざしていても不思議では

「舞坂　今切真景」

ない。新居の関所は箱根にまさる厳しい取り調べで恐れられていた。大名一行にはそんな恐れはなかったのだろうが、しかし、渡しの向かうところが暗い影につつまれている点にかわりはない。ノーテンキな中間が大あくびをしているぶん、一般の旅行者にはよけいに、近づいてくる西岸が陰気なエリアに映ったかもしれない。心のぐあいを絵に託すとき、「真景」のタイトルに嘘いつわりはなく、舞坂の海に黒々とした山がそびえ、新居の宿場が影につつまれていても一向に不思議はないのである。

無事、関所を通過、新居宿に入っていく。距離的には江戸・日本橋と京・三条大橋のほぼ中間にあって、天保一四年（一八四三）の「宿村大概帳」によると、戸数七九七、人口三四七四人、本陣三、旅籠二六軒、石高一七四石。五十三次のうちでは比較的小さな宿場にあたる。

だが、新居は「うみの関所」という特権をもっていた。当時の言い方で「今切渡船」、舞坂—新居間、海上一里を差配している。それが大きな財源になった。

一通の書状が宝物というものだった。天正二年（一五七四）、徳川家康が新居の舟守に下付したもの。おりしも家康は岡崎を出て浜松に移ったころで、遠江—三河間のスムースな通交が人と物流のいのちの綱であることを痛感したのだろう。新居の舟守に渡船の運営、差配をゆだねるかたわら、租税年貢に相当する諸役免除を保証した。これが江戸二七〇年余の宿場町新居のありようを決めた。

世が成熟して街道の通行が飛躍的に増大するにつれ、宿場は幕府公用ほかの負担に苦しむことになる。周辺の村々から助郷の名で人馬を徴用して、やっとしのいでいく。その助郷がまた諍いのタネになった。

新居宿はちがっていた。渡船業があり、年間五万から一〇万に及ぶ東海道旅行者を運んでいる。その収入が、つねに赤字の宿場財務をうるおした。隣宿舞坂には羨ましくてならない。江戸中期に今切渡船参加を訴えたが、なにしろ新居には権現様直々の文書がある。これをかざして独占的業務を確保した。

渡船は黒字、宿場は赤字となると、こんどは内部がおだやかでない。町方の役職は庄屋で、渡船を含む人馬継立《つぎたて》は問屋の領分である。黒字方の問屋の権限が大きくなり、庄屋と問屋が角突き合う事態になる。何度か確執があったのだろう。承応元年（一六五二）の文書では、幕府が仲裁に入り、交通業務と町方業務の明確化の沙汰を下した。業務のちがい、それによる収入源のちがいによるイザコザに、あらためて明確化を言われても始まらない。以後、諍いがなかったわけではなく、お上に訴えてもラチがあかないので、表面化することがなかったまでではなかろうか。

新居の郷土芸能として「手筒花火」が知られている。吉田藩主が在府中に江戸の花火を見て、感じるところがあって国に持ち帰り、領内の神社に奉納したのがはじまりだとか。吉田神社の花火が町の夏祭りにとりこまれた。新居町六町は通称「花火町」と呼ばれ、毎年七月、古式にのっとり、天が焦《こ》げるほど赤々と打ち上げる。財務の担い手の確執に悩まされていた領主には一つの打ってつけのアイディアで、ウップンばらしに町人に花火をハデに虚空に打ち上げさせた。

「うみの関所」をかかえた町はまた、珍しい話題に困らない。

同郷者が二〇年ぶりに無人島から帰ってくるといった珍事もあった。享保四年(一七一九)秋、新居の廻船が乗組員二〇名で城米輸送のため、今切の湊より仙台の荒波めざして出帆した。銚子で米を降ろし、宮古で材木を積み込み、帰路についたところ、一一月末、九十九里浜沖で暴風雨に遭遇、漂流の末、翌年正月二六日ごろ、何国ともわからぬ島に漂着した。

無人島で、周囲約一里。萱とグミのほか、草木も飲料水もない。海鳥、魚、雨水で命をつないだ。つぎつぎに死者が出て、最後は三人になった。

元文四年(一七三九)のある日、同じく嵐にあって流されてきた大坂の廻船に助けられた。

史料館所蔵の「口上書」には、二〇年ぶりに帰国した三人が取り調べに際して語ったところが、図解入りで残されている。八丈島からおよそ二〇〇里、切り立った火山島で、海辺の洞穴を住まいとした。山肌が白く、アホウドリが多数飛来して、それが主な食料になった。そんな証言よりして、漂着した無人島は小笠原諸島のどれかの島、おそらくは鳥島《とりしま》だろうと推測されている。

慶応三年（一八六七）の年号入りの「ええじゃないか」檄文というのがある。七月に現在の豊橋市の民家に伊勢神宮のお札が降ったのがきっかけとなり、「ええじゃないか」の長大な列が東海道を西に向かった。新居宿では八月にお札が降り始め、お札とともに参加を促す檄文が投げこまれた。黒跡あざやかな、いかにも書きなれた手である。近世社会をゆるがせたアナーキーな民衆の祭典は、最近の研究によると、伊勢の神宮が仕掛けたらしいのだ。

二川――本陣の盛衰

天保（一九世紀半ば）の記録によると、二川宿は家数三二八軒、人別一四六八人、本陣一、脇本陣一、旅籠三八軒とある。二川・大岩の二村が宿村にあたり、ごく小規模の宿場だった。たとえ小さくても街道の宿場町には必ず一つの本陣がそなわっていたが、東海道で今ものこっているのは、この二川宿と草津宿の二ヵ所だけ。

交番のある四つ辻の裏手に広場があって「大岩町郷蔵跡」の石碑が見えた。郷蔵は年貢米などを収めた共同の蔵で、二村それぞれが備えていた。村の氏神さまの大岩神明社が北側に祀られ、以前は桝形があったのか、四つ辻がこころもちズレている。小規模だったせいか町割《まちわり》や道路に旧型がよくのこされている。

右手に雄大な木組みの家が見えてきた。隣りは駐車場で、横から全体を見ることができる。馬場家といって、近年、修復された白壁が眩しい。蔵の裏手の建物は新しくつくられた資料館と思われる。昔は街道沿いの表門から入ったが、現在は駐車場に面した受付が通用口。

参勤交代が制度化された寛永年間以後、二川宿では当地の有力者後藤家が本陣だった。しかし、たびかさなる火災で没落。寛政五年（一七九三）に紅林《くればやし》権左衛門に代わったが、これも文化三年（一八〇六）の火事で類焼。馬場家があとを継ぎ、制度が廃止される明治三年（一八七〇）までの約六〇年間、本陣をつとめた。

馬場家は酒造業、米屋、金融業で財をなし、文化三年当時、間口一二間の屋敷をかまえる豪家だった。それでも本陣経営の難しさを承知していたのだろう。紅林のあとを依頼されたとき、いちどは断った。そのあと支配代官所の命により引き受けた。資料館には「二川宿本陣馬場家間取図」が代々にわたってのこされており、それによって本陣開設にあたり隣家の敷地を譲り受けて間口一七間にひろげたことや、門や板の間を増築したことが見てとれる。はじめは表門から勝手口まで一直線に並ぶつくりだったが、増改築をかさねるなかで、街道から板の間を引っこませた「広間型」と呼ばれる間取りになった。

本陣はどの宿駅にもあったが、描かれたものはきわめて少ない。大名や公家、幕府役人たちの休憩・宿泊施設であって、一般人と同じく浮世絵師には立ち入れない。公的施設であれば警戒厳重で、スケッチをとるだけで厳罰をくらっただろう。ましてや内部を描くなど、とうてい許されることではない。

広重もまた、小さな宿場に早々と見切りをつけたのか、三三番は東の郊外の立場茶屋をあてている。「猿《さる》ヶ馬場《ばんば》」と呼ばれ、名物柏餅で知られていた。ただし、猿ヶ馬場は遠江国であって、三二番白須賀宿を出てすぐのところにあり、二川のある三河国にはまだ至っていない。

それはそれとして、「二川　猿ケ馬場」は、シリーズの中のとりわけ印象深い一つである。当地は小松の生えた原野で、それが茫漠としてひろがっている。左手に粗末なつくりの茶屋が一軒、「名物かしわ餅」の看板が見える。右手中央に三味線をかかえた瞽女《ごぜ》が三人、坂の途中に往きくれたように佇んでいる。広大な山の背に小松がひろがり、麓は淡い藍色が占めている。

ふつう広重の五十三次では見向きもされない一つだが、簡素な図柄の中に荒涼とした哀調がひろがり、瞽女たちのかき鳴らす三味の音がうっすら流れているかのようだ。

シリーズ「東海道五十三次」を謳うかぎり、本陣がらみが一つもないのは絵師のこけんにかかわる――広重はそんなふうに考えたかどうかはともかく、関宿をかり、「本陣早立」と題して、大名一行の早朝出発のシーンをとりあげた。狂歌入りの連作では同じく関宿の本陣に到着した一行を描いている。

広重以外では三代豊国が五十三次シリーズで、坂ノ下宿をとりあげたが、構図は同じく大名一行到着の風景である。変わりダネは為信画「二川」で、本陣前でイガミ合っている男二人を描いている。十返舎一九の『東海道中膝栗毛』を踏まえており、合羽《かっぱ》を踏みつけられたことから大名一行の中間《ちゅうげん》と弥次郎兵衛とで口論になった。喜多八が横からいさめるしぐさ。中間の

「二川　猿ヶ馬場」

仲間はおもしろげにながめている。無事到着した直後の気ばらしぐらいにみなしていたのだろう。

そこに見る本陣はいずれも、到着の大名をしるした関札が高々と掲げられ、家紋入りの幔幕が張りめぐらせてある。大名は駕籠ごと表門から入り、式台つきの玄関で駕籠から下りた。長持や調度類は正面の板の間に運びこむ。馬や行列の荷物は板の間ゆきの大戸口《おおとぐち》（土間）を通って裏の馬屋や土蔵へ運んだ。「本陣早立」は、まだ暗いうちの出発らしく、板の間で主人が手伝い方にあれこれ指図している。槍持は出立前のタバコ一服。表門では提灯を下げた村役人がお見送りの姿勢で佇んでいる。

浮世絵とはべつに江戸後期には、多くの名所図会《ずえ》が出されている。こちらは実地調査にもとづく地誌であって、ほぼ実際の姿を伝えていると考えられる。寛政九年（一七九七）刊の「東海道名所図会」の竹下宿には大竹本陣が描かれており、ななめ上から主屋と表門を俯瞰する角度をとっている。そのため表門を入る駕籠、主屋板の間に運びこまれた駕籠と荷物、順番待ちの荷と馬、布団を運びこむ人々が一覧式にながめられる。「伊勢参宮名物図会」の竹下宿本陣では、板の間のようすがさらにこまかく描きこまれ、大名行列のリーダー以下、担当の者たちが忙しく動いているさまがよくわかる。往来の僧や旅人が興味深げにながめながら通っていっ

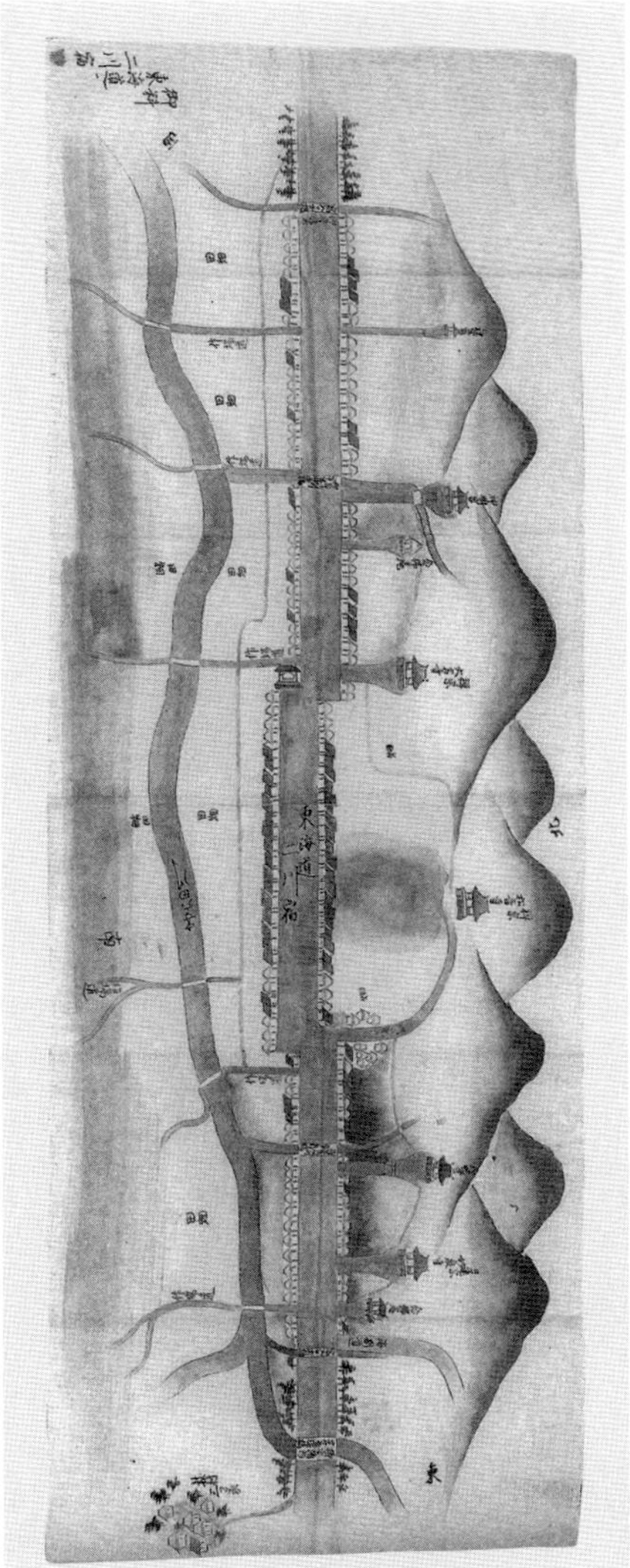

二川宿絵図（江戸後期）

た。

もものしい道中ツアー客がいちどにどっと入るのだから、本陣側は大変だっただろう。万に一つの粗相《そそう》もあってはならず、一行の休泊中、家族は「勝手」とよばれる居住場所に息をひそめていなくてはならない。タチの悪い「貴人」もいて、あらぬ不始末を言い立て、主人から詫び銭をせびろうとする。馬場家がいちど本陣経営を断ったのは、同じ宿の有力者から、降りかかる難儀をイヤというほど聞かされていたせいだろう。

資料の文書が示しているが、休泊に際して、先触れが事前の予約をとる。関札は利用者滞在の月日、氏名、官職、休泊の別を墨書して掲げたもので、公知することによって責任の所在をはっきりさせた。本陣を利用する武士、人足の宿泊代と食事代は前もってきめられていたが、大名の宿泊代はきまりがなく「宿料包紙」とよばれる紙に包んで渡された。表に「金二百疋」などとあって、金二分、一両の二分の一のこと。寸志ではワリに合わないようなものだが、本陣側では家屋の修理や改築に際して「嘆願」のかたちで公金請求ができた。間取図がどっさり伝わっているのは、大名一行の部屋割りのとき、担当との協議に用いたからだが、嘆願の際に問題の箇所を明示するのにも使った。版木をそなえていて、必要に応じて刷ったと思われる。

先に述べたように馬場家は代官所から本陣職を押しつけられたきらいがあり、本陣経営にあたっては、おりにつけ強気に出たのではあるまいか。

馬場家にお鉢がまわってきたころ、幕藩体制が財政面から大きくきしみ出していた。大名の金庫はどこも火の車。本陣はそれまで宿の人馬賃銭の一部を「拝借金」の名目で幕府から賃与されていたし、大名諸家は定宿とする本陣に補助金を渡していたが、財政の悪化とともに、いずれも滞ってきた。大名のなかには宿賃節約のため、本陣を外して途中の茶屋で休泊するのが出てきた。そこから「茶屋本陣」の呼び名が生まれた。あるいは家臣は安い旅籠屋に泊らせる。経営悪化により本陣が株として譲渡されたケースもある。幕府・大名方は本陣に苗字帯刀を許すなど、封建領主にちかい身分を保障して権勢の低落を防ごうとしたが、宿内の休泊施設経営者兼村役人という奇妙な職目が、激しい変化の時代に合わせられるはずがなかった。

文久二年（一八六二）、参勤交代制の緩和。六年後の明治維新で幕府・諸大名の保護が消滅。本陣には支払われる見込みのない証文の山ができた。旧五十三次宿場町を訪ねると、きまって「本陣跡」「脇本陣跡」の標識に出くわすものだが、体制に密着していた本陣が、体制の瓦解とともに将棋倒しのように崩れていったせいである。そんななかで二川宿の馬場家には聡明な当主なり支配人なりがいたのだろう。激動期、また新時代にもよく屋台骨を持ちこたえ、ほぼ建物全部を後世にのこすことができた。

二川の旧道は、こころもちうねっている。江嶋屋、巴屋、市川屋……。黒板塀にかつての旅籠名がしるしてある。明治三年の本陣・脇本陣の名称廃止ののち、旅籠屋でも門や玄関や上段の間の設置が許可され、急速に宿場町が変わっていった。

御油・赤坂——旅籠屋のぞき見

第三五番宿・第三六番宿

広重の御油には「旅人留女《たびびととめおんな》」とタイトルがついている。シリーズのなかで、もっともたのしい一つだろう。日もトップリ昏《く》れようかというころ合い、宿に闇がせまり、街道を行く人もまばらである。大半の旅籠が灯を落としたなかで、手前右手の一軒だけが明るい。客引きの女が二人、いましも旅人をつかまえて、力ずくで店に引き入れようとしている。一人は背にした荷物を引っぱられ、首が締まり、息もたえだえ。わきで小娘がおもしろそうに見やっている。

広重のマンガ性がよく出ている。北斎には「北斎漫画」といって、人間の滑稽な表情や仕草、動きを描きとめた画帖があるが、それは人間という生キモノ本来のおかしさ、滑稽さをスナップで描きとめたもので、人間の本性が無意識にもたらすコミックである。

これに対して広重の浮世絵に見かけるのは、人間社会の制度がもたらすコミカルな反応であって、経過のなかで一瞬かいま見える。当人には真剣でも、まわりにはおかしい。広重では、わきに立ちどまって眺めている人がいるが、自分もまたそんな一人になれる。ニンマリしながら絵の中の登場人物の一人になれる。

御油では路上の騒ぎを、宿の窓に両肘をついて結果やいかにと見守っている女がいる。そんな女の目でながめていられる。

先に引っぱりこまれたのだろう。わらじをぬいで、老婆が差し出すたらいの水で足を洗っている人がいるが、観念したような渋い顔で、これがまたおかしい。

うしろの壁には講中札にかこつけて、シリーズ版画の作成にかかわった面々が列挙してある。丸い大きな看板の「竹之内」は版元のこと、一立斉図は広重当人、平兵衛は摺師、治郎兵ヱは彫師のこと、東海道続画《つづきえ》は東海道五十三次の言い換え、つぎの札は半分しか見えないが、「三拾五番」と読める。品川を一番としたときの番数である。新人絵師歌川広重のたのしいイタズラ。

ついでながら留女は短軀で小肥りの腕っぷしの強そうな女だ。前掛けをしめ、やや歯の高い木履をはいている。これが留女の定番だった。シリーズによっては、胸元をはだけた格好で引っぱりにかかるのもいる。色仕掛けのやり手もいたらしい。

五十三次の宿場は、おおかたが二里から三里あまりのへだたりをとっている。脚を基本とする旅程には、そのあたりがほどよい距離とされたのだろう。おりおりの休息をとる目安となり、

「御油　旅人留女」

そこから泊まるところも決めていける。旅慣れた人は五三の基点に「間《あい》の宿《しゅく》」をまじえ、より自由なスケジュールを組み立てたと思われる。

ところがそのなかで、三五番目の御油と次の赤坂間は一六丁（一・七キロ）といたって短い。三四番目の吉田（豊橋）から御油までが二里二二丁（一〇・三キロ）、三六番目の赤坂と次の藤川宿が二里九丁（八・八キロ）、どちらも平均的であるのに対して、ここ一つが異例である。川渡しや山越《やまごえ》といった難問が控えているのでもない。どうしてこんな例外がまかり通ったのだろう？

天保年間（一八三〇―四四）の記録にある。

御油　本陣四軒、脇本陣なし、旅籠六十二軒
赤坂　本陣三軒、脇本陣一軒、旅籠六十二軒

現在は名鉄名古屋本線が走っていて、御油駅、赤坂駅はごく近い。御油の松並木が切れると赤坂で、ゆっくり歩いても二〇分ばかり。そこに両宿合わせて一二〇以上の旅籠屋があった。旅人には重宝だったことだろう。どちらのどこにするか、勝手しだいである。旅を急ぐ人は日暮れても一つ先をめざしただろう。いっぽう、宿場にとっては不都合千万で、うかうかすると

隣宿に客をとられてしまう。そのため、あの手この手を考えた。

御油に赤坂吉田がなくば
　何のよしみで江戸通い

西国ではやった俚謡というが、御油、赤坂、吉田には特別のたのしみがあったことを伝えている。ふつう宿場には公認の遊郭がなく、旅籠屋一軒につき二名までの抱え女が「飯盛」役として許されていたが、江戸の定めごとにはおなじみのとおり、名目をつけるといくらでも例外がきいた。抱え女のほかに、留女がいた。御油の路上で演じられたひと騒動を、広重は実際に目にしたのだろう。十返舎一九の『東海道中膝栗毛』でも、弥次さんは御油の留女に悩まされ、ほうほうのていで宿場を逃げ出した。

いかにも笑いを誘う江戸風俗のようだが、実のところ、日本の観光地、とりわけ温泉町では江戸以後も、明治・大正・昭和を通じて、同じ方式がつづけられてきた。かつて「駅前旅館」という映画のシリーズがあって、森繁久彌や伴淳三郎やフランキー堺が器用な芸を見せていたが、戦後のある時期まで、駅頭や宿《やど》の前にはズラリと宿のスタッフが待ちかまえていて、せわしなく声をかけながら客をつかまえ、手早いのは荷物を引ったくって玄関へ誘い込んだ。男のグループには「可愛い女の子」と耳元にささやくケースもあった。電話予約が登場するまでの数百年間、浮世絵のシーンは日本人の旅風景というものだった。

御油が室外風景であるのに対して、次の赤坂宿は打ってかわって室内。舞台の転換が絶妙である。「旅舎招婦ノ図」と添え書きされている。中庭をはさんで九〇度に縁側がのびていて、二面がべつべつにのぞけるかたち。中庭の石燈籠に寄りそってたくましいソテツがのびていて、双方の目隠し役をつとめている。

左の縁側には、風呂からもどってきた男が肌ぬぎをして肩に手拭いをのせている。障子の奥に寝そべって煙管をたしなむ男。下女が足つき膳に二人分の夕食を運んできたところ。かたわらで按摩が両手をついて用事伺いをしている。奥の間に「御用」と書いた提灯が見えるのは、公用の状箱を運ぶ継飛脚《つぎびきゃく》が休んでいるのだろう。階段があって、二階から下りてくる足どりがのぞいている。

以上が左の光景。右では女二人が鏡を前にして化粧をしている。こちらを向いた女は、いかにも海千山千のたくましい顔つき。その二人にかがむようにして年輩の女がいる。宿の女将のようで、飯盛女に何か言い含めているらしい。壁ぎわに掛竿《かけざお》があって、大胆な柄もようの手拭いがかかっている。奥に臙脂《えんじ》色と藍色のナマめかしいふとんが積み重ねてある。タイトルのい

「赤坂　旅舎招婦ノ図」

う「招婦ノ図」は、いわば物語の手引き役であって、広重の同時代人は左右を見くらべながら、つぎなる進展を読みとったにちがいない。それがあらぬか中庭のソテツは二つに枝分かれしてたくましくそそり立ち、先端の葉が放射を暗示するぐあいである。

もっとも、それは深読みであって、赤坂宿の名刹浄泉寺には、本堂前に大きなソテツが生えている。筋向かいにあった旅籠屋から移植したというから、広重はそれをモデルにしただけかもしれない。

ついでながら隷書赤坂は、室外室内を合わせたかたちで、大クラスの旅籠屋の玄関から二階を、斜め上から俯瞰する構図をとっている。往来には留女、泊りを決めて濡縁《ぬれえん》にすわり、足を洗う盥《たらい》を待っている三人、さらに二階には、すでに宿入りして寝そべっていたり、按摩に肩を揉ませていたり、女に酒を注いでもらっている姿が見える。旅宿におなじみの情景を一枚で順に絵解きしたぐあいである。お銚子の見える部屋の奥に真っ赤なふとんがのぞいており、飯盛女の稼業をそれとなく示している。

さらによく見ると、旅人を引き留める留女のすぐ先に、ヘンな人物が描かれている。ゾロリとした着流しで、腰に煙管セットをつけ、ふところ手。宿場をひやかすていでブラリブラリと歩いているのだろう。前頭部から顔にたらすかたちで手拭いを顔にのせている。先にいちど触れたが、べつに顔を隠したのではなく、江戸の吉原風俗として残っている「先を結ばぬ頬被り」らしい。前方の男二人があきれたような顔をしており、浮世絵師が田舎の宿場のダテ気どりをからかったものか。

藤川——寺の役割

名鉄藤川駅下車。小さな川沿いに少し南へ下ると、旧東海道藤川宿の入口に。四つ辻にえんま堂があって、その筋向かいに棒鼻が復元されている。昔の人は一筋縄の宿場を棒に見立てたのだろう。棒の両はしが入・出口であって、そこから棒鼻の名がついた。ここでは東西二つあって、こちらは西棒鼻にあたる。「広重の浮世絵を参考にした」とあるとおり、広重の藤川宿は「棒鼻ノ図」と題されていて、当時のたたずまいがよくわかる。

「榜示杭《ぼうじぐい》」とよばれた背の高い四角い柱が宿の境界を示していた。前に立札。石垣に土盛りがされて木が植わっている。広重では幕府に馬を献上する一行が着いたところで、宿の町役人がかしこまって出迎えている。旅人も同じく土下座の姿勢をとらなくてはならない。犬が三匹いて、二匹はとっ組み合いをしているが、もう一匹は人間と同じく座ってお出迎え。広重が描いたのは東棒鼻だが、それをモデルに西のはしへ復元した。

藤川宿は規模は小さかったが、幕領として代官が置かれていた。現在は岡崎市の東の郊外に

「藤川　棒鼻ノ図」

あたり、山が迫ったところに国道1号と名鉄と旧東海道が平行して走っている。隘路《あいろ》のような地形なので工場や団地が進出してくることもなく、松並木をはじめ旧宿のおもかげがよく残っている。

宿場町の全長は約一キロ、幕末の総戸数三〇二軒、本陣、脇本陣、問屋場各一、旅籠が三六軒。慶長六年（一六〇一）につくられ、以来三〇〇年ちかく、多少の増減をみながら、ほぼ変わらずつづいた。旧脇本陣が資料館になっており、住人の屋号から職業、家・屋数の大小までよくわかる。丁字屋、桔梗屋、銭屋、丸屋、白木屋、つる屋、伊勢屋、中屋……。

賑やかな岡崎宿がすぐお隣なので、旅人の泊りは少なかったようだ。本陣も小振りで大人数の大名一行はまかないきれない。実入りは少ないが通交、物流とも盛んで人手がいる。幕府から出仕してくる代官は宿の経営に苦労した。人も馬もたりないので、近傍から集落を移したりした。広重の師匠にあたる歌川豊広が狂歌に詠んでいる。

　藤川の宿の棒鼻見わたせば
　　杉のしるしとうで蛸のあし

「杉のしるし」は榜示杭のこと。「うで蛸のあし」がわかりにくいが、西の棒鼻を出てしばらく行くと吉良《きら》街道が分岐している。三河湾に面した吉良の港は近いのだ。水揚げされた蛸が宿場に届けられ、うでたのが茶屋の店先につるしてあったのだろう。ひなびた宿場風景が目に浮かんでくる。

当時の絵図は宿場の見取り図であって、家屋の配置がよくわかる。卍マークが大きな地所を占めている。徳性寺、阿弥陀寺、伝誓寺、称名寺、明星院。三〇〇あまりの戸数に寺院が五つ。ほぼ標準的だったのだろう。旧宿を訪ねておどろくことは、どこであれ寺院が大きく、建物が立派なことで、それは宿場町にかぎらない。江戸の旧態をのこした明治のころの写真には、ひとかたまりの家並みに抜きん出て大きな甍《いらか》と白壁が見える。おおかたが寺とみてまちがいがない。

それほど目立つ建物なのに、広重の数多い旅シリーズには、まったくというほど出てこない。神社はおりにつけ顔を出すが、寺は絵にあらわれない。六番藤沢宿に遊行寺が、四四番石薬師《いしやくし》宿に石薬師寺が登場するくらいである。どちらも世に知られた名刹で、土地を代表する施設だった。三〇〇軒に五ヶ所といった割合で膨大にあった寺院とは、あきらかに役割がちがっていた。

藤川宿資料館に「きりしたん訴人の高札」がのこされている。正徳元年（一七一一）五月の日付で、キリシタンを見つけた場合は直ちに訴え出ること。ついては申し出た者への「御ほうひ（褒美）」が書き出してある。

はてれん（ばてれん）の訴人　銀五百枚
いるまんの訴人　銀三百枚
立ちかへり者の訴人　同断
同宿並宗門の訴人　銀百枚

隠したり逃がしたりした場合、名主、五人組まで罪に問われることを覚悟せよ。そんな高札からも、いかに幕府が異教集団を恐れていたかが見てとれる。キリシタン禁圧の方法として、江戸幕府は「寺請《てらうけ》制度」をとった。寺を通して宗旨を監視する。天領、大名領を問わず、領民一人一人は人別帳を持たなくてはならない。戸籍簿だが、別名を宗門人別改帳というように、何宗の何寺に属するかを書いて、宗判つまり当の寺に判をついてもらう。

戸籍がないと身分証明ができないわけで、婚姻も養子縁組もできない。出かせぎや奉公にも行けない。旅もできない。江戸時代の寺は信仰の場である以上に人々の生殺与奪の権を握っていた。

寺の多さ、また建物その他の立派さの理由がわかる。寺請状、宗旨証明、往来手形などの発行にあたって、高額の礼金が入ってくる。葬式や法事、仏事の謝礼。ほかにも開帳、説法、勧《かん》化《げ》、奉加、加持、祈祷……どの場合にもお布施のタカがものをいう。謝金が少ないと各種証文を出し渋る寺もあった。権力を笠にきて、領民の公事訴訟に介入し、当然のように礼金を要求した。売僧《まいす》坊主、生臭《なまぐさ》坊主、糞坊主などと、坊主をあしざまに言う言葉がどっさりあるのは、寺請制度のもとに肥大した権力者への根強い反感があったからだ。

寺院によっては、おりおり山門前にいかめしい石柱が据えてあって、○○家御祈願所、△△家御位牌所などと彫りつけてある。京の五摂家《ごせっけ》や上方の名家が多い。要するにハクづけであって、賄賂を贈って位牌をあずかり、ほんの申しわけ程度の供養料をいただく。これに自前の金をたして高利貸しまがいのことをする。御祈願所の御供養料を特別に融通するという名目で高利を要求し、取り立てに峻烈だった。

ある街道筋で廃寺跡に出くわしたことがある。高台にあって見晴らしがよく、広い敷地に大きな礎石だけが点々とのこっていた。明治初年の廃仏《はいぶつ》毀釈《きしゃく》のあととばかり思って土地の人にたずねたところ、そうではなく、寺は江戸末期になくなったという。

「村が訴えて、僧が追放になりましてね……」

口をにごして多くは語ってもらえなかったが、およそは推測がついた。あまりの寺の金権体質に住人の怒りが寺社奉行への訴えと訴訟沙汰になり、審《さば》きが出たあと廃寺にされた。よほど怒りがつもりつもっていたからだろう。

廃仏毀釈で廃寺となったとき、石仏の首が落とされて、本尊のみならず什器備品ことごとくが捨てられたといったケースが各地で起きた。一つの法令で、それほどの蛮行の生じるわけがない。寺請制度といういびつな権力システムの当然の結果だった。

東から御油、赤坂ときて、次の藤川宿に入る手前に山中宿といって、茶屋の並ぶところがあった。広重はそこが気に入ったとみえて、行書東海道などで、その山中の里をとりあげている。看板に「山中名物麻縄網袋」とあって、軒に色さまざまなのが吊してある。藤川の本陣跡の裏手にも「からむしの自生地」と呼ばれるところがあり、いちめんに緑の葉が繁っていた。からむしはイラクサ科の多年草で、その茎の皮をはいだのはチョマといって繊維になる。これで糸をつむぎ、布や縄を織った。

幸い藤川宿にはタチの悪い坊主などいなかったのだろう。古くからの寺々は健在で、十王堂やえんま堂もよく手入れされている。西の棒鼻から一キロばかり若松が気持のいい松並木をつくっている。資料館には「往還掃除丁場《おうかんそうじちょうば》」といって、並木管理の割り当て表があったから、丁寧な世話を受けてきたのだ。『東海道名所記』に「宿藤川を出れば、畠に高野麦とて、一種穂のむらさきなる麦のはえてみえければ…」とあって、少々変わりダネの麦が栽培されていたとみえる。そういえば十王堂に芭蕉の句碑があった。

ここも三河むらさき麦のかきつばた

旧道わきの空地に大きな写真が鉄骨仕立てのパネルになっていた。すぐ目の前の景色を写したもので、「二〇一四年四月作製」。ラクダの背のようになだらかな山があって、山裾に国道1号、つづいて名鉄の線路、細くうねっているのが山瀬川。写真がそっくりそのままを写しとっている。目の前に現物が原寸であるのに、それをどうしてたたみ一畳ほどもあるカラー写真にとり、鉄骨パネルで展示するのだろう？　よく見ると写真に矢印がついていて関山神社、一畑山薬師寺、牛乗山第三紀末波蝕巨礫群と添えられている。現物は見えないわけだから写真にも写っていない。現物には矢印をつけるわけにはいかないのでパネルの登場となったのだろうか。パネルにカメラをかまえると、おのずと現物の方もレンズに入り、二重の同じ景色が写しとれるが、変哲もない風景であって、二重にしてみておもしろいものでもない——。

パネルの存在理由に首をかしげていると、犬をつれて散歩の人がやってきた。

「とりますか？」

「……？」

意味がわからずにいると、パネルの前を指示された。そこに立って写真をとると、背後の風景が背後に写り、二つの同じ景色の中に立っていることになる。せっかくだからとってもらった。写真には、二つの同じ風景のなかに、つまらなそうに突っ立った姿が写っている。

岡崎——橋をめぐって

江戸初期の儒者、林羅山は元和二年（一六一六）、江戸から京への旅のもようを「丙辰紀行《へいしんきこう》」に書きとめた。そのなかで大橋として四つをあげている。

武蔵の六郷
三河の吉田、矢矧《やはぎ》
近江の勢多《せた》

当時、六郷川（現・多摩川）には橋があって、六郷橋と呼ばれていた。何度か大水で流され、以後は渡し船になったことは、広重の絵からもわかる。

その六郷の渡しについては、きまって「防衛上の理由」がいわれた。西からの脅威に対して江戸を守るために橋を架けなかったというのである。しかし、江戸開府後、直ちに橋がつけられ、隅田川の千住大橋、同じく隅田川の両国橋とともに江戸の三大橋と称せられたのは、まぎれもない事実なのだ。三代将軍家光のころに日本を訪れた朝鮮使節は、寛永元年（一六二四）に江戸へ入るにあたり、渡った橋が「甚だ長く幾五六百歩もある」と、驚きをこめて書きとめている。その前後、一〇回に及ぶ破損修復ののち、一八世紀初めの元禄年間に渡し舟制へと移行した。まさに徳川の世が安定期を迎えたころであって、どうしてにわかに「防衛上の理由」が浮上したりしたのだろう？　むしろ日本の河川のもつ特殊な条件に応じたまでではなかろうか。

地理学では「河況係数」というが、平時と洪水時の水量の差を数字化したものである。もし年間まったく水の量の変わらない川があるとすれば、それは1となる。一〇倍に増加する場合には10である。ヨーロッパの代表的な川の一つドナウ川は、ウィーンでは4の数字で、きわめて安定した川であることがわかる。ライン川はドイツ・スイス国境に近いバーゼルで18とある。これに対して日本の川を河口部でみると、利根川９３０、木曽川８７０、四国の吉野川にいたっては５０６０。前線や台風で集中豪雨にみまわれると、いかにとてつもない量の水が流れ下るものか、驚異的な数字が示している。明治政府に招聘されて来日し、河川工事を指導したオランダ人技師デ・レーケは、日本の川は川ではなく滝である旨のことを言ったというが、流れの速さ、水の勢いに目を丸くしたにちがいない。

「越すに越されぬ」といわれた大井川についても、防衛上の理由で架橋しなかったといわれるが、幕府が世にひろめたたてまえの理由であって、莫大な費用をかけて橋をつくっても、ひとたび洪水になればまちがいなく流されてしまう。バカバカしいので架けなかっただけではあるまいか。

現在の大井川を東海道本線や新幹線で渡るとわかるが、対岸が見えないほど河川敷がやたらに広く、そこに何本もの分流として川が流れ、どれが大井川の本流にあたるのかがわからない。すぐ隣りの天竜川も同様だし、日本の大きな川の多くに見られる特色である。広大な川幅を必要とし、さらに本流が定まっていないわけだから、橋づくりでも、どこが本流になってもかまわない態勢をとる必要がある。流れを阻害しないように橋脚を少なくした橋で応じなくてはならない。橋脚を少なくすればするだけ、橋の強度は減じていく。やわい橋になってしまう。日本の河川の多くが、近代土木技術でも厄介な難題をかかえていた。

いうまでもなく橋は橋脚つまり橋桁《げた》が生命線であって、太い頑丈な杭《くい》河床に打ちこみ、杭と杭を「貫《ぬき》」と呼ばれる横棒でつないでいく。さらに「筋違《すじかい》」と呼ばれる交叉したつっかえ棒で強化していく。動力付きのクレーンや杭打ち機などなかった時代であって、すべてを人力と技術によった。橋桁も人力で運べる範囲であって、巨木を使えるわけではない。

千住大橋は奥州への入口につき、仙台藩に架橋が申し渡された。仙台の伊達公は巨木を橋杭に用いたので千年大橋とうたわれた。壊れっこない橋と思われていたが、上《かみ》から大筏がドシーンとぶつかったひょうしに、橋桁を三〇間ばかり流してしまい、大雨のあとの出水で、筏が矢のように流れてきてぶつかると、「千年大橋」は、ひとたまりもなかったといわれている。

四大橋の一つにあげられた吉田（豊橋）宿の豊川橋は長さ一二〇間（約二一八メートル）、広重は工事中の城の足場から職人が橋を遠望している構図にした。その方が大きく感じられるからだろう。橋の向こうに帆柱が見える。河港の吉田湊で、伊勢行きの舟が出ていた。橋はまた多く水運路線の始まりだった。

岡崎宿の西の矢矧川にかかる矢作橋《やはぎ》（矢矧橋）は全長二〇八間（約三七四メートル）、東海道でもっとも長い橋だった。広重は望遠レンズでながめたような俯瞰のかたちで画面中央に大きく描いてスケールを強調している。長大な橋を半ば埋めつくすぐあいに大名行列が通っていく。藩主の駕籠を中心にして、先箱持、槍持、長持持、挟箱持、長柄傘持、近習、中間《ちゅうげん》、足軽、小者。高々とそびえる飾り槍は、大名の威光、ならびにどの藩であるかを示すものだった。威儀を正した行列として描かれているのは、実際に岡崎城に近づくに従い、責任者から下知《げち》が発せられ、一同は緊張の面もちで列をととのえたのだろう。岡崎は徳川家康生誕の地であって、幕府にとっては別格の聖地であり、いかなる不始末も許されないのだ。

豊川や矢矧川に橋が架せられていたのは、ともに大井川や天竜川とはちがい本流の位置がは

「岡崎　矢矧之橋」

っきりした川であって、水流はほぼ固定しており、移動するおそれがなかったからと思われる。いずれも大水にあうとしばしば破損、破壊されたが、そのつど修復した。対処の仕方がはっきりわかっていたからである。

江戸時代を通じて矢矧橋の架け替えは九回、修理は一四回行われた。すべて幕府による「公儀普請」（国庫負担）であって、いかに重要な橋とみなされていたかが見てとれる。完成すると、幕府代官の検査を受け、そののち岡崎藩に引き渡された。通常管理は地元の藩の担当である。

岡崎は本陣三軒、脇本陣三軒、旅籠一一二軒とあって、大きな宿場だった。東海道の物流に加えて矢矧川の船運で栄えた。「五万石でも岡崎さまは、お城下まで船が着く」と歌われたように、矢矧川の支流乙川が、城の真下を流れていて、この上ない物流経路をつくっていた。

外敵にそなえて町の中の道路には直角に曲がる鉤《かぎ》の手をつくるのはおなじみだが、岡崎では東海道をお城下に引き入れる際、ことのほか入念に鉤をこしらえたものだから、「二十七曲り」と呼ばれるほど曲折していた。現在は標柱があるだけだが、ためしにそれにそって歩いてみると、自分が町のどのあたりにいるかわからなくなる。

岡崎城から西へ八丁、東海道と矢矧川が交わるところが「八丁味噌の郷《さと》」。ただし、醸造元はカクキューとマルヤの二つきりで、カクキュー八丁味噌は正保二年（一六四五）創業というから、東海道そのものと肩を並べるほど古い。石垣の上に重厚な白壁と黒板塀が、目のとどくかなたまでつづき、とてもお味噌蔵とは思えず、まるで城壁のようだ。味噌そのものはともかく、味噌煮込みうどんで味見はできる。特有の甘さがあって、ヘキエキする人もいるだろう。宿のなかでも「繁昌第一」とうたわれた伝馬町などには、早打ちの伝令や急飛脚などが夜ふけでも往来していた。夜明かしの立場茶屋や旅籠もあったというから、味噌で煮込んだうどんが人気商品だったにちがいない。

もともと広重の浮世絵シリーズは日本橋で始まり、京の三条大橋で閉じられている。その間の保土ヶ谷、戸塚、藤沢、掛川……いずれも川があって、橋をモチーフにしている。保永堂版だけではなく、ほかのシリーズでも、多くの橋が描かれている。にもかかわらず橋の印象が薄いのは、「川越《かわごし》」という強烈な川の渡しがあったからで、代表的なのが大井川の風景である。人間が連台に乗せられ、あるいは肩車をされて水の上をすすんでいく。長崎から江戸出府のオランダ人は、フシギな人魚が川に棲むように思ったらしい。自分も連台に乗せられて運ばれていくあいだ、不安と好奇の入りまじった目で、ふんどし一丁のたくましい「人魚」集団をながめていた。

橋はひとたび架したからにはメンテナンスをたやしてはならない。多摩川の六郷橋ができたとき、幕府は川沿いの八幡塚村の村高のうち三〇〇石を「諸役御免」として、かわりに橋の掃除、見廻りを担当させた。万一のときは真っ先に駆けつけること。同じ方式を全国の川に応用したと思われる。渡し舟の制度のところも、渡し場の整備、川筋の検分その他に人手と費用がかかる。諸役御免くらいでは地元が納得しないのだ。

その点、川越制には多くの利点があった。まず川越人足という雇用の場ができる。さらに川が増水すると川留めになり、大名行列一行はもとより、旅人の移動が一度に止まる。水が引くまで近くの宿場に逗留しつづけなくてはならない。大井川の場合、金谷、島田の両宿はもとより、それで収容しきれず、一つ先、二つ先にも逗留客があふれ、そして金を落としていった。助郷の賦役で不満が生じ、ときにはサボタージュに発展する時代相のなかで、橋をつくらないだけで地元の経済振興がはかれるのだ。幕府官僚は「防衛上の理由」を隠れ蓑にして、どうせ流されるものなのだから架すまでもないと、腹をくっていたのではなかろうか。

池鯉鮒《ちりゅう》──馬の国

宿の東かたの「桜馬場《さくらばば》」と呼ばれた辺りは、半里四方ひろい野原で、松の大木が一本あった。陰暦四月を「首夏《しゅか》」といったが、広重では「首夏馬市」となっている。四月二五日から五月五日まで、馬市が開かれた。三河、尾張だけではなく甲斐、信州からも、えりすぐりの馬がやってきた。総計で四、五〇〇頭にもなり、セリにかけられ、新しい飼主に引きとられていく。

松の木の下がセリの会場だろう。馬飼や馬喰《ばくろう》が集まっている。順番がくるまで、馬は四方の囲いの中にいる。そろそろ出番というので、はしの一頭を二人がかりで引きとりにきた。

セリの会場めざして、二人が重箱のようなものを運んでいく。池鯉鮒《ちりゅう》宿は昔から馬市や木綿市の立つ市場町として知られていた。大きなイベントとなると弁当屋や遊女屋、客引きなどが活躍したのだろう。それにしても「池鯉鮒」とはフシギな地名である。知利布《ちりふ》、雉鯉鮒とも書いた（現在は知立市）。由来には諸説があって、はっきりしない。一説によると、宿に「ちりう大明神」が祀られており、そこの池に鯉鮒《こいふな》がたくさんいたので池鯉鮒──アテ字をこじつけたばかりと思われる。

動物学の本によると、馬の祖先は「エオヒップス」と呼ばれた化石種で、キツネぐらいの大きさだったらしい。それから「メソヒップス」の時代になる。ヒツジ大で脚が長い。ついで「プリオヒップス」、そのあとに今日の馬の祖先である「エクウス」が登場する。一〇〇〇万年という気の遠くなるほど太古の昔である。ヒトの歴史は一万年、氷河期以前の原人を勘定に入れても、たかだか三五〇万年ぐらいだから、地上にあらわれた時期でいうと、ウマのほうがヒトよりも、はるかに由緒深い生きものなのだ。

一九三八年、マゼラン海峡に近い洞穴で二つの化石が見つかった。一つは馬の骨、もう一つは先史時代の人骨であることが判明した。考古学者の推理によると、馬はアメリカ大陸にいた最後の一頭であって、人間に追われて大陸の最南端まで逃れ、そこで殺された。あとからあらわれた生きものが、食糧として先住の生きものを絶滅させた一例である。

幸いにもべつの人間は馬を食糧とのみ、みなさなかった。中央アジアのステップに住むアーリア人は、馬を飼い慣らして乗り物にした。スキタイ人は鞍《くら》や鐙《あぶみ》を発明して戦さに登用した。この「兵器」は、またたくまに地球上にひろがった。エジプト、メソポタミア、古代ローマ、蒙古、ヨーロッパ……。どの戦史も馬の威力を伝えている。アレクサンダー大王の愛馬は、しばしば深い英知をみせて大王を救った。馬にとって、大いなる栄光、並びに大いなる死につつまれた軍馬の時代である。

それはながながと近代までつづいた。軍団の行くところ、つねに馬の大軍がともなっていた。蒙古高原の馬たちは風のように疾《はし》った。ナポレオン軍下の馬は重い重い大砲をロシアまで引いていった。第一次世界大戦でも、初期は軍馬が戦局を左右した。だが戦争は発明の母であって、たちまち高性能の車があらわれ、戦車が登場する。馬のいなないきにエンジンがとって代わった。

そんな馬の歴史にあって、日本の江戸時代の街道筋の馬は、一つの珍しい例外だろう。馬であっても、この馬は走らない。ポクポク人間の歩調に合わせて歩くだけ。荷を運ぶにしても、つねに目方がかぎられており、一定量以外は受けつけない。足弱な馬は「軽尻《かるしり》」といって、軽い荷をあてがわれた。祝い事にかかわると、首やたてがみに美しいアクセサリーが飾られた。単調な歩行のあいだ、馬子唄という声楽がお伴をしてくれる。客にアブれた日は終日何もしなくていい。馬がこれほど丁重に扱われたのは、世界中の馬の歴史にあって二つとないケースではあるまいか。

四一番宮宿《みやのじゅく》でも、馬が主役をつとめている。熱田神宮の「馬の塔《とう》」という行事を描いたものので、広重には珍しく動きの烈しい絵になった。毎年、五月五日に近隣の村人が馬を引いていって奉納する。華やかに飾り立てたのが本馬、裸馬に荒ゴモを巻きつけたのが俄馬《にわかうま》。神前で礼拝したあと、俄馬を走らせて競走する。それが村々の対抗戦にもなっていて、チームごとにユニフォームをあつらえて、大はりきり。広重は、一方には紺の半てん、他方には有松絞の揃いを着せた。同じ馬でも街道ポクポクとちがって、ここではたてがみをなびかせ、四肢を蹴立てて疾走している。

走る馬はこれが唯一の例外で、ほかはすべて馬子と歩調を合わせて歩いている。川崎の六郷の渡し、また平塚の馬入川の渡しでは背中いっぱいに荷を乗せて渡し船を待っている。戸塚では、乗ってきた客が、茶屋の床几《しょうぎ》を足場にして飛び下りる。雨の大磯では、雨合羽をひっかぶった旅人を運んでいく。吉原では、松並木のあいだに尻と尻尾と太い脚が見える。鞍の左右にやぐらのような木組が取りつけてあって、三人が乗っている。この乗り方を「三宝荒神《さんぽうこうじん》」と言った。ふつうはまん中に大人、左右に子どもが乗ったが、ここでは三人とも子どものようだ。松の木に隠されてよく見えないが、前を行くのが父親のようで、馬の背の両脇に荷物を入れるつづらがとりつけてあり、その上にふとんが敷かれ、客が乗っている。この方式を「乗尻《のりしり》」、または「乗掛《のりかけ》」と言って、荷はそれぞれ一〇貫目以内ときまっていた。行書版興津でも乗掛で僧侶が海辺を揺られていく。

同じ乗り方だが人物東海道の池鯉鮒宿には、たいそう立派なつづらが使ってある。祭礼のみこしのようで、その上の二重がさねのふとんに武士がすわっている。馬子が身につけているの

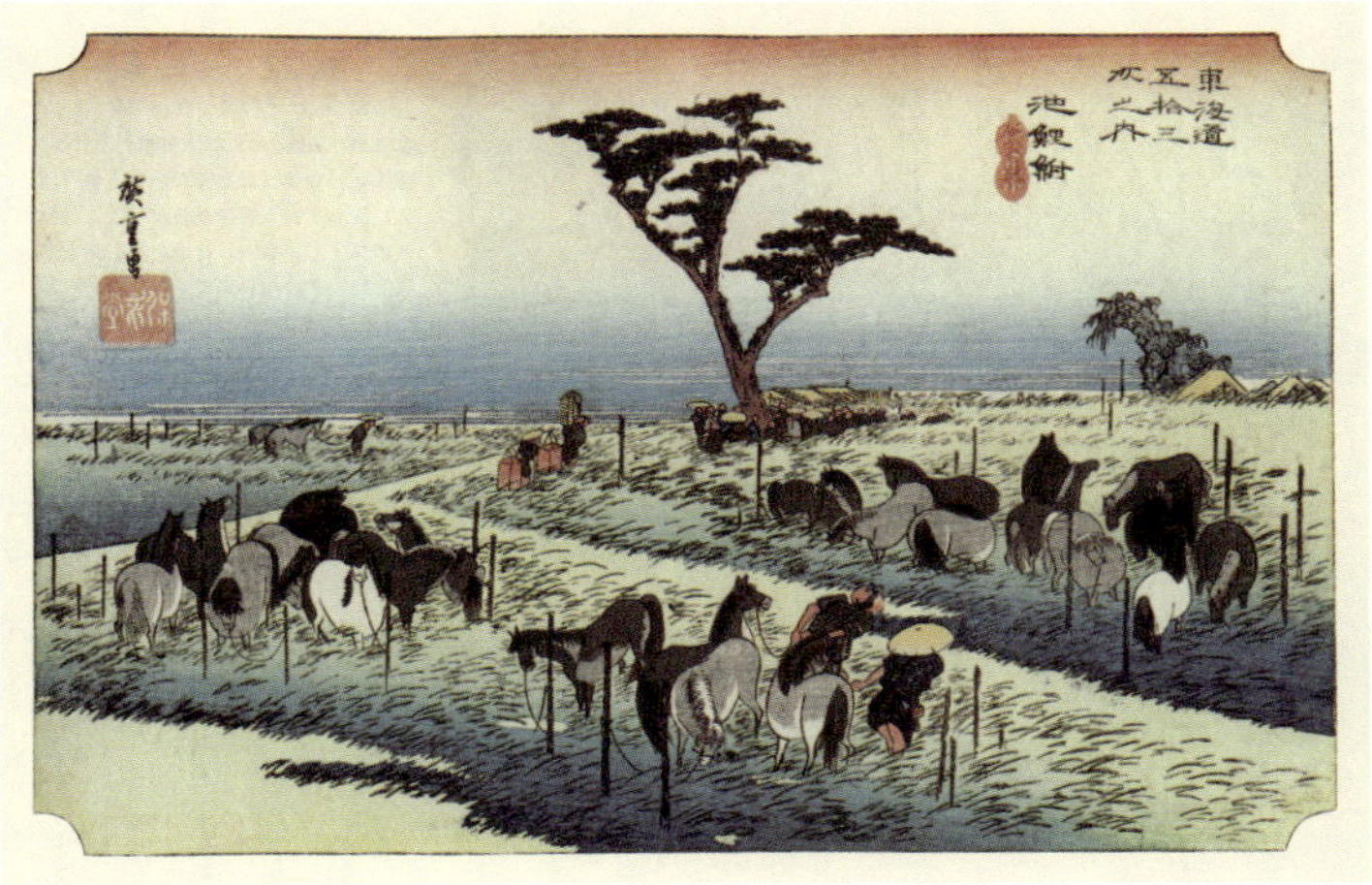

「池鯉鮒　首夏馬市」

も、通常の半てんではなく、轡《くつわ》をデザインしたハデな着物。ほんとうにこんな華やかなスタイルがあったのか、それとも馬市の宿に敬意を表して、広重がサービスしたのか。

府中の安倍川べり、東海道から南へ少し入ったところの安倍川町には公認の遊廓があった。夜ともなると、ゾロゾロと遊客がやってくる。駕籠でくるのもいれば、馬でくるのもいる。隷書版ではイロっぽいお役目とあって、鞍につけた敷き物も華やかだ。藤枝の問屋場の人馬継立《つぎたて》では、無事お役を果たした人足ともども、馬もヤレヤレといった風情で、背の荷物が下ろされる間、膝をなめたりしている。

行書版では夜の赤坂の宿外れ。わざわざ夜間にも旅するのは特殊なタイプで、馬の脇腹に小田原提灯をとりつけ、乗尻スタイルで行くのは、民間の定《じょう》飛脚の宰領だろう。藤川では、いましも八朔《はっさく》御馬《おうま》献上の一行が宿に入っていくところ。先払いが「したあに、したあに」と触れて行き、先箱（挟箱）には「御用」の札が立ててある。つづいて朝廷へ献上する黒と茶色の馬が二頭。幕府の重要な一行であれば、先触《さきぶれ》から前もって通知してあり、宿場役人が出迎えに出ている。飾り物をいただいた馬が晴れがましい。

岡崎は矢矧《やはぎ》川にかかる矢矧橋。行書では、馬子のあとを栗毛の馬が行く。背中に日傘をさした女がたのしそうにすわっている。荷なしの軽尻で、この出番には弱い馬が使われたというが、絵の馬も小馬のようで、口籠《くつこ》、腹巻きをつけている。

宿のきまりで、帰り馬は客を乗せてはならないが、空手で帰るのはつまらない。棒鼻から一歩出れば宿のきまりが及ばないわけで、そのあたりに、もどりの馬子がたむろしていた。泡銭《あぶく》稼ぎを狙うやからは風体もいかがわしい。行書版の紐でつながれた馬が人間よりも、ずっと立派に見える。

明治以前の日本の馬は、小さかったようである。源平の戦いで名を馳せた木曽馬にしても、せいぜいのところロバ程度だったとされている。童謡にうたわれる「めんこい仔馬」は、べつに小馬にとどまらず、馬はつねづねめんこい（可愛い）ものだった。明治六年（一八七三）、ウィーンで開かれた世界万国博に「日本随一南部馬」が出品されたとき、ヨーロッパの馬の学者は目を丸くした。「日本随一」の大きさに対してではなく、その小ささであって、そんな彼らには「馬以前の馬」のように見えたのだろう。さっそく学術用に買い上げた。

明治政府が馬体改良に取り組むのは、これ以後のこと。各地に種馬所、御料牧場、軍馬育成所、高等農林学校がつくられた。アラブ種、サラブレッド種が輸入され、交配がくり返された。昭和一〇年（一九三五）、全国で一五〇万の馬が登録されているが、そのほとんどが「雑種」と記載されている。一国のウマ、それも一〇〇万頭にものぼる生きものが、たかだか四〇年のあいだにたくましい軍馬として改良しつくされたのは、世界の畜産史上、前例のないことだった。

つい近年まで、町にも村々にも、いたるところに馬がいた。荷車をひき、鋤を引っぱって田や畑を耕していた。立派なヒゲを生やした軍人や役人は馬に乗って通勤した。娘たちは馬の背に揺られて嫁にいった。朝日のさす往来には湯気の立つ馬糞が点々と落ちていた。

あるころから、急速にいなくなった。荷を運ぶのはトラックである。田を耕すのはトラクターである。ヒトはエンジンつきの鉄の箱に閉じこめられて出勤する。馬の背に揺られて嫁にいくのは、せいぜい映画のシーンか、コマーシャル・フィルムである。

考古学者江上波夫による「騎馬民族国家説」は、戦後の学界にセンセーションを巻き起こした。東アジアの騎馬民族が朝鮮半島を経て日本に入り、先住の農耕民族を征服するとともに、大陸文化をもたらした——。

江上波夫は古墳から出てくる副葬品に注目した。はじめは宝器や呪術品が多かったのに、しだいに馬のハニワ、石の馬、馬器に変わっていった。戦前から戦中にかけて、何度も蒙古高原を調査した人であって、その体験が「騎馬民族国家説」の下地になったのだろう。古墳の出土品が学説を大きく発展させた。とともに、すぐ目の前に、多くの馬がいきかいしていたのも、大胆な新説を打ち出す上で、少なからず影響したのではあるまいか。日本人にとって、馬は日常的に往来で見かける、ごく身近な生きものだった。そして日常から馬の姿が消えていくにつれて、江上説の衝撃度もうすれていった。

子どものころ、私たちは馬が引く荷車を「バリキ」と呼んでいた。その馬の脚は丸太のように太く、動きにつれて尻の筋肉が盛り上がった。両目に目隠しのようなものをされて、首を激しく上下させながら材木を山と積んだ荷車を引いていく。

空の荷車に往き合わせると、そっとあとにつき、両手で荷車にぶら下がった。やがて前から怒声がとんでくると、あわててとびおり、スタコラ逃げ出した。

戦後のほんの短い一時期であって、やがて急速に見なくなった。だからといって、馬が地上からいなくなったわけではない。いまや競馬場におなじみだ。歓声につつまれて走っている。そこでは華やかなスターであり、人間にかしずかれ、手厚い世話を受け、清潔な住居に住み、専用の保養所や病院をもっている。

競馬というゲームを人類が発明していなかったら、馬は滅びていたかもしれない。エピソードや物語そして広重の五十三次などで語られるだけで、馬の姿はどこにも見られない。「死滅に瀕した生物」の一例として、わずかに動物園の片隅に、ひっそりと馬の夫婦が生きている……。

そんなふうにはならなかった。馬はいま、介添人を引きつれて、さっそうとパドックでお目見えのカッポをしている。この点では、かつての馬子に引かれたポクポク時代と似ているが、しかし、馬自体はなんと変わってしまったことだろう。脚の長さ、胴の高さ、全体の馬格といったものがまるきりちがう。「馬学」に照らすとき、血統、体質がガラリとちがっており、もはやまるきりべつの生きものなのだ。サラブレッドはその言葉どおり「サラ（完璧に）ブレッド（育てられたもの）」。誇らかに首を突き上げ、矢のように疾駆していく。人間の手が生み出した、大きな「走る器《うつわ》」と言うものである。

第四〇番宿 鳴海——間《あい》の宿

広重東海道の鳴海宿は「名物有松絞」と題されている。印象深い絵柄であって、空は明るいのに家並みや木々は影に沈み、通りもひとけない夕刻の雰囲気である。前景の二軒の店の明かりが、洩れだして外を照らした感じ。二軒とも有松絞を商っており、奥の店は軒に浴衣らしいものをズラリとつるしている。手前の店では手代と客が商談中。店のわきに、それぞれお守りのような天水桶が見える。

二軒の店に合わせたように二組の旅人が広い通りを行く。前は女の三人づれ、一人は駕籠に乗っている。うしろは女と伴の者で、女は馬に乗り、伴の者は荷を面掛けにして担いでいく。どちらの店も造りが立派で、屋根は桟瓦葺、二階は「虫籠格子《むしこ》」と呼ばれる窓のつくりで、奥は白色、手前は淡い黄色。ともに正面中央に小屋根式の看板を掲げている。そんな建物のぐあいからタイトルは鳴海でも鳴海宿ではなく、すぐ東の間《あい》の宿、有松がモデルとされている。三九番の池鯉鮒《ちりゅう》と鳴海とのあいだは二里あまり（約一一キロ）と、とりたてて長いわけではなかったが、だだっぴろい台地に人家がまれで、しばしば追い剝ぎが出没した。そのため知多郡下から人を移して間の宿をつくらせた。

そんな新住民の一人竹田庄九郎が名古屋城の築城にかり出された際、工事現場にいた豊後の男が所持していた絞に目をとめ、有松にもどるなり試作を始めた。慶長年間（一五九六〜一六一五）のことで、とにかく絞らしいものはつくり出したが、出来ばえはいまひとつ。二代目庄九郎が鳴海宿に逗留していた豊後の医師三浦玄忠の妻の指導を得て、街道きっての大ヒット商品を完成したといわれている。

伝わるところによれば豊後大分の染めがもとになったようだが、木綿の布地を、ところどころ糸で縫いちぢめたり、くくったりして、それを染料液にひたす。ちぢめたりくくったりしたところが縞や模様になって白く残る。有松絞は多様な技術を駆使して藍や紅、紫色であざやかに染め出した。一般に旅土産は、軽くてカサばらないのがいいとされている。その点木綿の手ぬぐいや兵児帯《へこおび》、浴衣類はまさに条件に合っている。はなやかな染めで、手ごろな値段、たためばカサばらず軽い。たちまち評判になり女客はむろんのこと、諸国の大名、公家、オランダ人までが開祖庄九郎の店へやってくる。有松は一躍絞の村になり、鳴海宿にもつぎつぎ店ができた。軒ごとに「名物有松絞」の看板をかかげ、店頭につるしたり、反物として畳につみ上げ、立てかけ、さらに柄ちがいを竿でズラリとつり下げていた。まさしく絞一色のエリアになった。

「鳴海　名物有松絞」

有松は天明四年（一七八四）、大火にあった。おりしも幕府が防火防災対策として漆喰壁を庶民にも許可しだしたころで、それが有松再建にあてられた。名物絞の富がはたらいて、一階は火に強い白黒の海鼠《なまこ》壁、二階は虫籠格子。目のさめるような景観が誕生した。広重は影と光、明と暗を組み合わせて、あざやかに町の造形美を写しとった。

名鉄名古屋本線有松駅で降りて、すぐのところ、一歩通りに入ったとたん、ハッとする。ふつう通りの建物の色もつくりも大きさもてんでんバラバラなのに、ここはちがうのだ。ゆっくりうねった通りに古来の民家の様式をもった家屋が整然とした様式美をおびてつづいている。電線が地下に移って、なおのことすっきりしている。連子格子の並び、漆喰造りの白壁、黒い土壁の倉、重厚な海鼠壁。旧絞問屋は豪壮な長屋門をそなえ、隣家との境には小屋根と飾りレリーフをもつ卯建が上がっている。

富が流れこんだ町に通例だが、祭礼が大がかりで、必ず山車《だし》が曳航される。山車は唐子や神功皇后といった精巧な人形や金襴緞子《きんらんどんす》で飾られている。町屋の並びに背が高く、正面が大戸だけの建物がまじっているが、町ごとの山車を納めた山車庫である。

偶然に町並みが残ったわけではないだろう。町の人々が「有松まちづくりの会」をつくり、地道な活動をつづけてきた。有松・鳴海絞会館でいただいた会誌の表紙は「ししげ縫い絞り」の写真と解説で、運針ひとつで信じられないほど複雑で繊細な文様が生まれてくる。

保永堂版以外に目をやると、広重はあちこちで間の宿をとりあげている。有松の絞のように、一点豪華の特色をもち、絵にしやすかったせいかもしれない。

隷書版由井では、青い海に面して崖がそびえ、手前に茶店が見える。看板には「くらさわ名物　さざいの壺焼」。茶店の前で旅姿の女三人が足をとめ、振り返ってなにやら眺めている。茶店の二階からも二人の男が眺望をたのしんでいる。

由井とあるが、第一六番由井（比）の宿ではなく、つぎの興津宿とのあいだにあった間の宿西倉沢である。すぐ東は薩埵《さった》山で、急坂の峠越えをしなくてはならない。そのため東から山にかかる手前に休み所ができた。ちょうど富士山を見はるかす位置にあって、眺めがいい。数軒あったなかで、海辺の崖を利用して建てた「望嶽亭藤屋」が有名だった。女三人が振り向いて眺めているのはむろん、富士山である。眺望だけでは客を呼べない。すぐ前の駿河湾はサザエやアワビがとれる。壺焼にして、香ばしいにおいを漂わせれば、人はきっと寄っていく。

「薩埵」などと難しい山名は、地元の漁師の網に薩埵地蔵がかかり、それを祠ったことからついた。峠道はもっこりした岩山を越えていく。江戸時代半ばまでは、南端の山裾と接するギリギリの海岸線を迂回していた。海が荒れると、波がかぶさってくる。朝鮮使節の来訪にあたり、これでは危険だというので、幕府は峠越えの道を開いた。

西からの旅人には山越えをして下ってくると、香ばしい匂いがするわけで、さらに富士の眺望つきとなると、つい上がりたくなる。『東街便覧図略』という画文集に、海にせり出して建てられた茶店が描かれている。かなたに富士の峰、足下は駿河の海、目を転じると田子の浦に三保の松原。「望嶽亭」と称するだけのことはある。

鮑　廿四文
栄螺　八文

桶に入れ、波間に浮かべておく方式で、いかにもとりたての感じがする。

「かかる茶店なれば所の風俗こらして飯を売ることを禁制とす」

間の店は、いわばお目こぼしの仮宿であって、宿からの要請もあり、いろいろ制約があった。『東街便覧』の作者は京の人で、何かと聞き及んでいたらしい。アワビやサザエは海の産物であれば、「絶えてなき時」もある。そんなときは品切れにしないで「蛤の耳を似せて出す」というから油断できない。「一口くふては耳を峙て、三口くふては舌打してさくる也」

現在の西倉沢はややうねった旧道の両側に古風な民家が並んだ、変哲のない通りである。おおかたの車は国道1号を突っ走るので、旧道は歩きいい。どこか懐かしい感じがするのは板壁の仕舞屋《しもたや》や、土壁と瓦屋根が多いせいだろう。昔のレシピでさざえの壺焼を復元した人がいて、店頭に写真が掲げてあった。裏山に登ると富士山が見えるそうだが、わざわざ登る人もいないと見えて、道の入り口に背をこす草がしげっていた。

行書版吉原は、次の蒲原宿とのあいだにあった間の宿・本市場をとりあげている。西倉沢と似た構図で、茶店があり、松原の向こうにすっくと富士の峰がそびえている。茶店の看板は「名物　山川志ろ酒」。白い濁り酒が売り物だった。甘くて匂いが強い。山水が白く濁っているのにひっかけて「山川白酒」と名づけたようだ。いかにも旅慣れた旅人が縁台に腰かけてさもうまそうに飲んでいる。縁台の前の旅行者二人はひと休みしたものかどうか迷っているふぜいであった。背後にうねうねした道がのびており、遠くには小さく、先を行く人が見える。道中を考えると、白酒は控えておくのが賢明とでも言い合っているらしい。

西からくると日坂宿から次の宿の金谷までは「遠州の箱根」と呼ばれた山道がつづく。その途中のいちど下ったところの山あいが間の宿・菊川である。ふつうの間の宿は、せいぜい数軒の茶店があるだけだが、菊川は鎌倉時代から栄えた宿場で、戸数、住民とも正規の宿に劣らない。

「ようこそ　歴史の里菊川へ　悠久の会」

地元の有志による標識が案内してくれる。昔、近くの川から「菊花紋」の石が出土して、菊石と名づけられ、そこから川の名、さらに里の名が定まったという。見本の石が据えてあるが、なるほど表面に菊花に似た模様が見える。鎌倉時代の街道筋だったので、いろんな人物が往来した。鎌倉幕府に京都方が軍事行動を起こした承久の乱（一二二一年）に加わり、捕らわれの身となって中御門中納言藤原宗行は、鎌倉へ送られる途中、死を覚悟して書き残した。菊にちなむ雅びやかな里の名前が詩心を呼びさましたらしい。

昔南陽懸菊水　汲下流而延齢
今東海道菊河　宿西岸而失命
（昔は南陽県の菊水　下流を汲みて齢を延ぶ
　今は東海道の菊川　西岸に宿りて命を失う）

およそ一〇〇年後の「正中の変」では日野俊基が捕らえられ、護送の途中、菊川に泊まった。大先輩宗行卿につづくかたちで一つの歌にした。

いにしへも　かかるためしを菊川の

おなじ流れに身をやしづめん

菊花紋の石を産する清流と、おだやかにうねった道と、ひっそりとしずまった集落が、一つの桃源郷のように思わせたのかもしれない。

日坂宿と金谷宿との距離は一里二四丁ばかりだが、佐夜中山伝説にもうかがわれるとおりの難路であって、そのため間の宿が必要とされたのだろう。「今より三〜五代前の人名」として大きな絵図に旧宿が復元してあった。

問屋場　塗師屋　庄屋　龍蔵
本陣　文平
脇本陣　米　油屋　戸長　宇作
宿屋　あやめ　利八
巡礼宿付木　栄蔵
………

一応、宿の施設がととのっていた。しかし、通常は旅人を泊めてはならず、川留めで金谷宿に人があふれた場合でも、金谷側の許可がないかぎり泊めることはできなかった。ただそういったことはたてまえで、江戸の通例だが、しかるべき名目をもうけて泊めていたと思われる。江戸末期になると大名行列は経費削減にやっきになっており、宿を素通りして間の宿ですませるケースもあった。

料理についても規制があって、間の宿では尾頭つきの本格的な料理は禁じられていた。そこから菊川名物菜飯《なめし》田楽が生まれた。菜をたきこみ、田楽をそえる。ひなびた里の味が評判になり、下菊川「おもだか屋　宇兵衛」の菜飯田楽がブランドになった。宇兵衛方には「御殿」と呼ばれた上段の間があり、尾州家からの下賜品があったというから、殿もおしのびでやってきて「鄙の味」を賞味したらしい。

広重が隷書版で描いているが、西からの旅人は菊川の里を発ち菊坂を上がり、急な金谷坂を下る。下りきる手前が金谷宿である。広重は坂を下る人を、針の先でつついたように小さく描きこんでいる。トットと下る道みち、眼下に広大な大井川が見える。山越えのあとは川越なのだ。一難去ってまた一難。旅人は針の先で胸をつつかれるような痛みとともに、急坂を下っていったのではなかろうか。

第四二番宿
桑名——七里の渡し

東海道中というと「道」のイメージであって、徒歩、駕籠、馬を考えるが、実をいうと、舟が至るところにあらわれる。五十三次スタートからして「日本橋」であって、橋の下に舟が往き来していた。つづく品川の海岸には帆船が勢揃いだ。川崎では六郷の渡しを渡る。神奈川はこれまた海辺の宿であって、帆を張った舟が点々と見える。保土ヶ谷には帷子川《かたびら》が流れていて、橋の下を舟が往来していた。平塚は馬入川（相模川）を渡って入る。舟渡し賃一〇文ないし一二文。

小田原では酒匂川《さかわ》、吉原から蒲原へは富士川がよぎっている。駿河湾に面した由比。ついで興津の渡し。府中（静岡）をよぎると安倍川が待っていた。浜松の次の舞坂から新《あら》（荒）居《い》宿へは陸つづきだったのが、明応七年（一四九八）の大地震で、浜名湖と海を遮《さえぎ》っていた海岸線が切れ、海とつながってしまった。これを「今切《いまぎれ》」と言い、舟で渡すようになった。だから行書版のタイトルは「今切海上舟渡」である。細い内海《うちうみ》とはいえ海上を渡るわけで、宮＝桑名間の七里の渡しは、二度目の海上舟渡にあたる。

日本海を航行する北前船は「千石船」とも呼ばれたが、渡し舟はごく小さく三〇石舟程度ではなかったか。広重はさまざまに描き分けている。橋をかすめる川舟は櫓《ろ》を漕《こ》いだ。日本橋を往き来する荷舟には、漕ぎ手が二人、また四人とついた。六郷の渡しでは背中に荷を積んだ馬が相乗りをする。そのため底が平たくて幅が広い。富士川のような急流には工夫がされていて、舟首と舟尾が反り上がっている。帆船は中央に帆柱が高くのびていて、バランスをとるためか、もう一つ舟尾の舵が突き出している。今切のように短い渡舟には帆にむしろが使われていたとみえて、白帆ならぬ黄色の帆をひろげていた。

そんな舟の特長が巧みに風景画に応用してある。桑名では、帆を下ろしたばかりで画面中央に帆柱が突き立っている。これがモチーフを二つに分けて、左側は海上の景色で、大きく荷を積み、帆を膨らませた廻船が行く。桑名は宿場町であるだけでなく、伊勢湾海運の中継点であり、濃尾地方の物産の物流を一手に握っていた。帆柱の右は陸を示し、海運の町の富を暗示して城も豪勢である。

広重は桑名を描くのに、「七里渡口《わたしぐち》」「海上七里ノ渡口」「七里の渡舟」……。版をあらためるつど、図柄を変化させながら舟と舟着き場を描いた。四一番目の宮宿とは舟使が結んでいる。桑名まで海上七里（約二八キロ）、そこで「七里の渡」の名がついた。

地図を見るとわかるとおり、尾張と美濃の境を長良川、揖斐川、木曽川が流れ、桑名の東かたで伊勢湾に注いでいる。宮から桑名を陸路でくるには、川をさかのぼって、大きく迂回しなくてはならない。そのため渡海七里の渡しが制度化された。コースは海岸寄りをとったので天候により所要時間がちがったようだが、およそ四時間の舟旅で、乗合舟賃は本によってまちまちで、一人五四文だったり、六八文だったり。

「七里渡口」では、勢州桑名に着いた舟が帆を下ろしたところで、すぐ背後に桑名城が見える。ぎっしり満員の舟客は多少とも退屈しだしていたのだろう。珍しげに辺りの景色をうかがっている。「七里の渡舟」では入港直前で、かなたに小さく城が見える。へさきに立って、今や遅しと到着を待ちかまえている人、両手をのばし大アクビの人。舟屋では舟乗りたちが入港準備にかかっている。現在おなじみのフェリーの入港風景とそっくりである。背後に小舟が見え、頬かむりの男が両手をひろげて呼びかけている。うしろに釜のようなものがあって、けむりが立ち昇っており、舟客めあての物売りだろう。桑名名物焼きはまぐりを、ひと足早く売りつける算段と見える。

当時の舟は、そのまま渡し場に着くのではなく、河口で帆を下ろすと櫓に代わり、漕ぎながら、堀づたいに渡し場に入っていった。目の前は陸でも、舟から上がるには時間がかかる。すぐさま荷売りの小舟がやってくる。別のバージョンでは、親子らしい二人、親父が櫓を漕ぎ、息子が網を手に声をかけている。渡し舟と結びつけて、接岸に手間どるあいだに軽食をどうぞというのだろう。

はまぐりは海辺がつきものだが、とりわけ桑名産が美味とされていた。大きな川が海に流れこむ河口であって、淡水と海水がまじり合う。砂地があって、そんなところには貝が育ちやすい。肉が充実していて、歴代の将軍家に献上されてきた。宿の西のはずれには茶屋が立ち並び、焼はまぐりを売った。松かさ（松ぼっくり）は松のアブラを多分にもっていて火力が強いのだ。桑名の焼はまぐりはこれを燃料にした。さらに別のシリーズでは、妙齢の女がうちわで煽《あお》いでいる。火をかき立てるとともに匂いをまきちらして旅人を引き寄せた。

現在のＪＲ桑名駅は改札を出ると、渡り廊下で物産観光案内所のある建物と直結し、途中はイッパイ飲み屋のある飲食街である。赤提灯と並んで名物「やきはまぐり」の旗が下がり、昼間から営業している。香ばしい匂いが通路にただよい、うちわで煽ぐ美人こそいないにせよ、そっくり匂い戦術はいただいたぐあいなのだ。十返舎一九の『膝栗毛』の狂歌にいわく、「名物をあがりなされとたび人に　くちをあかせるはまぐりの茶屋」。

桑名は尾張から伊勢への玄関口で、お伊勢参りの人は、まずここの一の鳥居が目じるしだった。本陣二軒、脇本陣四軒、旅籠一二〇軒。陸路と海路の交叉点で、さすがに大きな宿駅で、松平越中守の一〇万石の城下町でもあった。

「桑名　七里渡口」

駅から河口へ広い道路がのびている。近年にかぎっても桑名は大きな災害を二度受けた。昭和二〇年（一九四五）、終戦まぎわの大空襲で市街地の大半が焼けた。さらに戦後の復興が軌道にのった矢先、昭和三四年（一九五九）の伊勢湾台風で河口部が壊滅した。そのため旧七里の渡し場に何も残っていない。記録によると、舟着き場の西側に舟番所、高札場、脇本陣、本陣があり、南側に舟会所、人馬問屋などが設けられていた。東海道と伊勢街道はもっとも人馬の往きかう幹道であって、桑名でその二つが合わさっている。かつての賑わいと華やかさがしのばれる。

航行の目じるしになった常夜燈が復元され、天明期に始まる伊勢神宮一の鳥居が海道を見守るぐあいに立っている。水の神さま住吉神社、また、舟持ちの舟宿が軒をつらねたところに料理旅館があって、わずかに旧態をのこしている。ただその外まわりを絶壁のようなコンクリートの堤防が取り巻いている。昭和三四年の伊勢湾台風は死者・行方不明五〇〇〇余名を数え、阪神大震災まで、戦後最大の大災害だった。「想定外」の高潮と水害にみまわれて以来、尾張から伊勢にかけての海岸線には、万里の長城のように堤防が築かれた。

コンクリートの壁の向こう、長良川と合わさった揖斐川の川幅と水量ときたら、あきれるばかりだ。満々と水をたたえた水界は海とまちがえるほど広大で、その存在そのものが途方もない自然のエネルギーを伝えてくる。

そんな水の威力が、浮世絵では巧みな藍色の使い方で示してある。帆柱の左にひらけた海は、まん中を白く抜いて、波頭だけが線で描かれている。舟底あたりは緑がかった青いうねりを見せ、沖合は鮮明な藍色で、そこに廻船の堂々とした姿が見える。

古代トロヤの発掘で知られるハインリヒ・シュリーマンは、一九世紀ドイツの成功した藍商人だった。中国経由で幕末の日本を訪れ、ひと月あまり滞在した。有能な藍商人は日本人の日常の衣服に使われている藍の鮮明さ、美しさに啞然とした。値段を聞くと、仰天するほど安いのだ。日本へ来たころのシュリーマンは、それまでの藍取引で得た巨万の富を、念願の古代遺跡の発掘にあてることにして、その前に世界一周旅行を思い立った。商売とは縁を切ったはずだったが、良質で、安価なジャパニーズ・インディゴを知り、商売の見切りを早まったのをくやしがった。絵草子屋で見かけた浮世絵をどっさり買っていったのは、タダ同然の値段にもよるが、何よりもそこに使われている海の色のせいだった。藍取引で鍛えた商人は、その夢のような藍色に魅了されたらしいのだ。

住吉神社のわきから水路がのびている。揖斐川の水を引きこんで水運にあてたのだろう。何の気なしにたどっていくと、九〇度曲がったところから赤レンガの高い堀がのび、なんとも立派な大門の前に出た。諸戸《もろと》家といって、桑名の実業家の屋敷だという。赤レンガ造りの蔵が三連式につらなり、うっそうとした屋敷林につづいている。初代諸戸清六邸であって、すぐ裏手の二代目の邸宅と庭は「六華苑」といって一般に公開されている。こちらの邸宅は二階建ての洋館で、イギリスの建築家ジョサイア・コンドルの作。

淡いセルリアン・ブルーの壁。玄関、窓、ベランダ、サンルームは白で統一され、寄りそって四階建ての塔がついている。丸い壁面に曲面ガラスがはめこまれ、まるで大きな望遠レンズを立てたぐあいだ。実際、塔にのぼると大きなレンズをあてたように、揖斐川の広大な水界が臨めたと思われる。

展示室の説明によると、初代清六は一八歳で借金まみれの米屋を継ぎ、「生来の商才と際立った努力」でもって借金を返済したのち、つぎつぎと事業をひろげ、明治二一年(一八八八)には所有する土地の評価額で、有名な秋田の本間家を抜いて日本一になったという。

しがない米屋を継いでから、わずかに二〇年あまりで、どうして日本一の金満家になることができたのだろう? 商才があって努力したにせよ、はたしてそんな離《はな》れ業《わざ》ができるものか。説明には初代清六は「時間是金也」をモットーにして時間をムダにするのを嫌い、食事のときのおかわりの時間を省くため一度に二杯分をよそったとか、人力車にとび乗ると同時に走り出さないと機嫌が悪かったとか述べてあるが、そんなタイム・イズ・マネーではなかったにちがいない。

「明治維新という時代の変化を乗り越え、県令や政府高官の知遇を得て……」

しかるべき筋から、いち早く情報を得て、着々と手を打っていく。時に先んじる者が富を手にする。舟運と物流の町桑名の性格を、もののみごとに実践してのことだった。私たちのまわりに多くの見本がいるが、おかわりの手間を惜しんだり、車のもたつきにイラ立つような人は、さっぱり蓄財と縁がないものである。

四日市——追分の風景

近鉄名古屋線四日市から西へ二つ目、日永《ひなが》駅下車。すぐ南が旧東海道で、辺りは落ち着いた家並み。車は大半がしも手の国道1号を走るので、旧道は閑散としている。日永神社の境内で、東海道最古という追分道標と出くわした。正面に「大神宮いせおいわけ」とあって、右側面は「京」、左側面は「山田」、これは宇治山田のこと。裏面に「明暦丙申《めいれきひのえさる》三月吉日　南無阿弥陀仏専心」と刻まれている。明暦二年は一六五六年で、いまのところ、これに先立つ道標は見つかっていないという。立てたのは坊さんで、それで名号が彫られたのだろう。もともとは少し西にすすんだところの追分に立てられていたが、あとから大きな道標が据えられたことから用ずみとなり、神社へ移ってきたらしい。境内には「皇大神宮遥拝所」と刻んだ台座つきの石があるので、それなりに大神宮への道しるべ役を果たしていることになる。ほかにも「征露記念碑」「凱旋紀念」の石碑もあって、昔の日本人は何かというと、石に刻んで立てるのが好きだった。

「四日市　三重川」

「歴史のまち　日永へようこそ」

五十三次に日永という宿はないが、四日市と石薬師の中間にあって間《あい》の宿として知られていた。そこの追分は参宮道のメインコースであって、伊勢参りや巡礼たちがひきもきらずやってくる。四日市名物日永餅は、その名の示すとおり、元来は日永の追分で売られていた。もう一つの名物が日永うちわで、これはいまも当地でつくられている。

日永一里塚跡を過ぎると、前方左手に大きな松の木が見えてきた。「東海道名残りの一本松」といって、昔は両側に並木をつくっていたが、わずかに残った一つ。けなげではあろうが、ただ一本がたくましく幹をうねらせて立つ姿はへんてこなものである。

その先の風格のある町屋が東海道日永郷土資料館になっていて、寄ってみた。地元の人が交代で詰めているとかで、あまり訪ねる人がいないのか、熱烈歓迎で迎えられた。壁にズラリと追分饅頭の木型や焼き判がかけてある。精巧な木づくりで一〇数種に及び、かつての人気がしのばれる。日永は足袋《たび》の産地としても知られていた。靴と同じような木製足型のモデルが使われた。「織底通帳」に自分の足袋の底地を登録しておくと、通信販売であつらえ物が送ってもらえた。

日永うちわは江戸中期から盛んにつくられたそうで、京うちわと並び、うちわのブランドだった。ひところは一〇数軒の業者がいたという。はじめて知ったのだが、うちわの大きさは

「満」でいうそうで、大きいのは大満、中ぐらいが中満、小さいのが小満である。青竹を切って、四、五日、水につけておくとやわらかくなる。それを半分、そのまた半分と割っていって、計六四本の骨に割る。

「節目にカマと云う弓型の竹をはめこみ、カマに糸をかけて六〇余本の骨を表側と裏側に交互に分けて編みこみ、平らな骨に仕上げる」

いまも現役の「店主敬白」の説明文は、いかにもわかりいい。途方もなく手がかかることもよくわかる。日永うちわは竹の柄が丸くて持ちやすく、骨数が多いので、「風がやわらかくなびく」そうだ。実用的で、それに軽いので土産にぴったりである。

広重の行書参宮道追分ノ図には鳥居のわきに「名物まんぢう」の茶店が見えるだけだが、ほかにもうちわや足袋の土産物店が軒を並べていた。

「追分参宮道　此所関東より太神宮参宮道の別れ也。これより神戸《かうべ》、白子《しろこ》、上野、津へ出る也。山田まで十六里」

現在は国道1号と25号の分岐点で、あいだの小さな三角が追分の領分だ。狭いながらも木が繁り、湧水が引いてあって手洗い石にあふれている。道標や鳥居に常夜燈がひしめき合っている。鳥居は伊勢出身で江戸に出て財をなした人が、遥拝のために寄進したのがはじまり。二〇年ごとの遷宮にあわせて鳥居も建て替えるように一〇〇両を添えたというから奇特なことである。地元の人は志をくみ、その一〇〇両で三〇坪の土地を求め、由来の石を立てた。道路の拡張で鳥居は狭い追分の三角地に移されたが、リチギに建て替えはつづけられて、現代のものは第九代目にあたるそうだ。

本宿の四日市は、近鉄四日市駅下車。東口から中央通りを歩いて五分ばかりのところのアーケード街が旧東海道だ。むろん、何ものこっていないが、本陣二軒、脇本陣一軒、旅籠九八軒。あまり知られていなかったようだが、桑名とともに宮宿への船便があった。

明治三二年（一八九九）、政府が四日市を開港場に指定。国際貿易港として大々的に整備した。廻船問屋稲葉三右衛門が尽力した結果だという。ＪＲ駅前に銅像があるが、明治の政商というのにあたる。のちに日本最初の大規模石油化学コンビナート基地になったのも、国際貿易港という大きな看板があったせいだとすると、四日市スモッグ公害の遠因でもあったわけだ。現在はしっかり対策がとられて、四日市の空は眩しいほど明るい。

そんな時勢の変わりようを予期していたかのように、広重は四日市の宿駅そのものはとりあげなかった。東の宿外れ、三滝川周辺のひとけない風景にした。タイトル「三重川」は三滝川のこと。

「日永村追分　参宮道」隷書版

芦のしげる一面の湿地帯で、粗末な木橋を渡りかけた旅人が向かい風に合羽《かっぱ》の裾をなびかせている。振りわけ荷物の男は笠をとばされ、ころがっていくのを大あわてで追いかけている。

詩情はゆたかだが、あまりにものさびしいので、ほかのバージョンでは間の宿日永をとりあげた。東海道から伊勢街道が分岐する追分で、伊勢参りの人がひきもきらない。晴れやかないで立ちの人々がゾロゾロと鳥居をくぐっていく。荷を背中にくくりつけた犬がいて、犬の伊勢詣として有名だった。茶屋では何人もが床几《しょうぎ》に腰かけて饅頭をパクついている。四日市がワリをくったぐあいだが、実際にも間の宿は本宿よりも旅籠代が安く、大いににぎわっていた。

道路をへだてた向かいは格子の美しい家で、玄関が風流なつくりなのは、もとは旅館だったのかもしれない。白い玉子のような明かりが下がっていて、表札が軒下に並んでいる。一番はしは男性で、ほかは「子」のつく女性名がつづき、なにやら壮観である。おとなりは日蓮宗の寺で、合掌したブロンズの宗祖像が高い台座にのっていて、頭一つ分、大屋根よりも高い。壁に、南無妙法蓮華経の神徳が列挙してあって、病気快復運、会社の事業運、商売運、取引の将来性、開業・閉店の将来性、出産の安否、合格運、各種選挙当選運……すべてにおいて功徳があるという。

人生の追分に迷う人への一里塚のお役目のようだ。たくましい日蓮像に黙礼して、旅の安全運をおねがいした。

庄野——ふんどし文化

五十三次のうち雨のシーンは「大磯　虎ケ雨」「庄野　白雨《はくう》」「土山　春之雨」の三景だけだが、絵にしにくいので避けたまでで、現実の旅には、三日にあげず雨の心配をしていたと思われる。

三場のうちでも庄野宿（現・三重県鈴鹿市）の夕立の図が名作として知られている。「白雨」と題されているとおり、雨滴が白い筋を引いて落ちてくる。一応庄野にあてられたが、むろん、どこであってもかまわない。ときならぬ豪雨で、雨足が早く、雨宿りの場所もない。坂を下る二人は向かい風に腰をかがめ、一人は傘をすぼめ、蓑姿のもう一人は菅笠を手でおさえ、走っていく。菅笠のわきに鋤が見え、農作業中だったとみえる。

坂道を上がる駕籠かきは、追い風を利用し、杖で拍子をとりながら急いでいる。客が濡れないように布のようなものが掛けてあって、下から片手が出ている。振り落とされないように両手で駕籠の枠につかまり、ふん張っているのだろう。その前を菅笠に菰《こも》を全身に巻きつけた男が、腰をかがめて走っていく。坂の一方は竹林で、にわかの風と雨を受け、右に左になびいている。全体の構図、降りくる雨の描写、人物にみなぎるスピード感、すべてが一体となって、シリーズきっての逸品を生み出した。

それはそれとして、これを社会の映し絵としてながめたとき、奇妙なことに気がつく。雨降りのシーンでよくわかるが、上半身はそれなりにつつんでいても、下はおそろしく無防備である。尻まる出しは、雨のせいではなく、ほぼ常時そうだったことは、日本橋の棒手振《ぼてふ》りからも見てとれる。戸塚宿の馬方も同じ。平塚でもどり駕籠とすれちがう飛脚は上半身も裸で、わずかにふんどしをしめているだけ。川越人足はもとより裸で、鉢巻と腰のもののみ。川に入るときだけでなく、人足小屋にいるときも、それが川越エリートのユニフォームだった。

藤枝宿では問屋場における送り継ぎの情景を描いているが、馬は鞍をつけ「正装」しているかたわらで、人はおおかたがふんどしだけである。ひと仕事を終えて汗を拭っているせいだが、拭い終わってからも、衣服は面倒とばかりに腰のもの一つで突っ立っている。それが通常の「労働着」とみなされていたからにちがいない。

袋井の「出茶屋ノ図」は、立場茶屋といって、宿場と宿場の間につくられたヨシズ張りの簡便な茶屋の風景である。駕籠かき、人足が休んでいる。飛脚は腰かけてタバコを一服。駕籠かきの一方は駕籠をたたむところ。もうひとりは、上っ張りをひっかけ、茶屋の女の前で、お尻

「庄野　白雨」

まる出しがキセルに火をつけている。

雨上がりなど、道はぬかるみ、方々に水たまりができていただろう。かまわずそこを素足にワラジで歩いた。泥は水で洗い流した。昔の日本人のおおかたは下半身におそろしく寛容だった。江戸三〇〇年を、ほぼ尻まる出しで通した。よほど冷えに強かったとみえる。

浜松の「冬枯《ふゆがれ》ノ図」では、まさしく冬枯れの寒々しい街道筋で、雲助らしいのが四人、杉の根かたで焚火をしている。冬のさなかというのに、いずれもふんどし姿で、かたちばかりの半纏をひっかけているだけ。焚火でお尻があったまると、上衣がジャマとばかりにまくり上げた。冷えに強かったかもしれないが、平均寿命三〇代という当時の早死は、無防備な冷え症がもたらしたものではなかろうか。

職人の仕事着として、紺木綿の半纏《はんてん》と腹掛けと股引きが定まったのは、江戸後期と言われている。そういえば『近世職人尽絵詞』といった絵入り本には、菱形の腹掛けをした大工が板を削っている。石工はもろ肌ぬぎ上半身はだかで、ふんどしが見えるが、半纏を腰に巻きつけていて、仕事が終われば、もろ肌を入れ、ふんどしも隠したと思われる。

酒つくりにあっては、米洗いの行程がある。水を使う仕事だから、衣類は無用、ただし、ふんどし姿ではなく、その上に腰みのをつけている。麹つくりは火を扱うが、やはり素はだかではなく、簡便な腹掛けに腰巻状の白い布をまとっている。神聖な酒づくりにあたっての礼儀があったのだろう。

手工業では、その仕事の仕方から出職《でしょく》と居職《いじょく》があった。出職は道具をもって顧客とか仕事先へ出かけていく。居職は家に仕事場をもっていて、そこで仕事をする。絵になった姿を見ていくと、出職はしかるべき衣服をつけているが、居職はもろ肌ぬぎ、はだかに近いのが多い。しかし、きまって衣類を腰に巻きつけていて、親方なり問屋がくれば、すぐさまあらためられるなりである。工匠といわれたり、職人気質《かたぎ》からいっても、ふんどし一つといったことは自他ともに許されなかったのではあるまいか。

それに対して「往来稼人」といわれた駕籠かきや飛脚は体一つが元手であって、そもそも衣服は邪魔っけなものなのだ。雨が多く湿気の強い風土にあって、濡れるのを心配していては商売にならない。駕籠は長柄《ながえ》一本で、それが屋根にとりつけてある。駕籠かき二人が前後で一本をかつぐ。身につけるすべてが足手まといになる。

大名や、その家族の乗る御忍駕籠、留守居駕籠、権門《けんもん》駕籠といった高級なものはともかく、一般に普及したのは町駕籠や辻駕籠、山で使う山駕籠である。賃駕籠であって、ときには雲助稼業と誹《そし》られた。まったくのところ、ふんどし一丁と強靱な体力さえあれば商売になったのである。

庄野宿は大方の宿場から遅れること二三年の寛永元年（一六二四）に、四五番目の宿として設置された。新参者であって、「草分け三六戸、宿立て七〇戸」で始まったといわれるが、入口と出口の標識よりすると、おおかたそのような規模で推移したと思われる。

通りのほぼ中央に本陣跡の説明板があるが、沢田家といい、宿の始まりから明治五年の廃止の年まで続いた。間口一六間、建坪一九八坪、室数二八、畳数一九八枚半、板間三室と、なかなか立派である。東海道に面して門があり、威容を誇っていた。

小林家という旧家が庄野宿資料館になっていて、関係書類が陳列してある。とうぜん、広重作が大きく引きのばして玄関正面にかかっていた。旧庄野宿は鈴鹿川と芥川のあいだにあって、のっぺりとした平地である。係りの女性によると、町の人の説では、鈴鹿川の堤防がゆるやかに左にカーブする辺りだと、竹やぶや家並みがこんなふうに見えなくもないという。

その堤防のカーブを過ぎて少し行くと旧汲川原村で、そこに「おんな堤防」があるとおしえられた。鈴鹿川がたびたび氾濫するにもかかわらず、当地の神戸《かんべ》藩は堤防を禁じていた。汲川原の女たちは「菊女」というリーダーのもと、闇夜を選び、打ち首覚悟で少しずつ土盛りをして、六年後には立派な堤防にあたるものをつくりあげていた。男どもがお尻まる出しで駆け廻っていたころ、女たちは腰巻き姿で、せっせと自分たちの「城」を築いていたのである。

関——宿場の姿

関宿はマカ不思議なところである。JR関西本線関駅下車。すぐ前は国道1号で、大型トラックが地響きたてて行き来している。信号の点滅に追われるように横断すると、ゆるやかなのぼり坂の新興住宅地で、新建材のモダンな家々が並んでいる。坂をのぼりきり、しばらく行くと四つ辻で、なにげなく通りに出たとたん、一瞬のうちに江戸の宿駅に入っている。いや、江戸とは、まだわからない。なにやら懐かしい家並みであって、戦前そのままの一角のようでもある。古い通りにちがいないが、よく見ると新しい家もまじっている。たしかに新しいが、古めかしてつくってあって、正真正銘の古ぼけたのと、それなりに調和している。パンフレットが誇らかに述べている。

「関宿は、東海道の往時の面影を唯一残す歴史的町並みとして、昭和五九年（一九八四）、国の『重要伝統的建造物群保存地区』に選定されました」

東の追分、つまり宿の入口から西の追分まで約一・八キロ、約二五ヘクタールがそっくり保存地区で、おおかたの場合、わずかに残された一部が選定の対象になるのに対して、ここは丸ごとである。その点では、五三の宿駅のなかでも、たしかに一つだけで、保存してきた人々の努力が実ったわけだ。当の町の人によると、丸ごとといっても保存地区は木崎《こざき》、中町、新所《しんじょ》、北裏の四地区に分かれ、それぞれの特色がちがうのだそうだ。

広重は関を、中町にあった川北本陣の早朝風景で描いている。タイトルは「本陣早立」。まだ暗いなかに、出発の準備がととのったのだろう。表門では宿役人がお見送りの体勢で指示を待っている。玄関先では警護にあたっていた番士たちがたむろしている。これから槍をかついで、先触れとして出立する。前方の立札は大名の名をしるした関札《せきふだ》で、家紋入りの幔幕《まんまく》が張りめぐらしてある。その幔幕の隈に「仙女香」「美女香」の木札が見える。白粉《おしろい》と白髪《しらが》染めであって、ちゃっかりと宣伝役をつとめている。

まず東の追分にやってきた。津を経て伊勢に至る伊勢別街道の分かれ道。常夜燈と白木の鳥居があって、鳥居は通りをはみ出るほど大きい。二〇年に一度の伊勢神宮遷宮の際、宇治橋詰の鳥居をいただく習わしがあるからで、お下がりだから、多少ともスケールが合わなくてもやむをえない。東海道を往く旅人は、ここからお伊勢さんを遥拝した。ここが木崎の町並みで、ブラブラと西へ向かった。天保一四年（一八四三）の記録によると、戸数六三二戸、人口

「関　本陣早立」

一九四二人、本陣二、脇本陣二、旅籠四二軒。なかなか大きな宿場だった。西に厄介な鈴鹿峠を控えており、次の阪の下ともども、大名行列がきまって宿泊するところだった。

旧宿はどこもそうだが、間口が狭く、奥行の長い短冊状の敷地になっており、街道に面して主屋、奥に角屋、離れ、土蔵、納屋などが並んでいる。間口三〜四間がもっとも多く、間口六間前後となると大店だった。関の中心だった中町に近づくにつれて間口が大きくなる。庇の下の幕板《まくいた》、軒の持ち送りの繰り型、二階の格子、外壁の虫籠《むかご》窓、正面の出格子……細部の意匠がたのしい。正面の二階に装飾のついた小屋根がついているのは、かつてはそこに店の看板をつるしていたのだろう。

明治　メリーミルク

ウテナ水白粉

すや胃酸

補血強水　ブルトーゼ

エナメル広告が別の時代の記憶をとどめている。古い町には記憶が何重もの層をなしている。町全体が古いまま残ったのは、ひところ、ひどくさびれていたからだ。街道から鉄道の時代になり、東海道は国有鉄道の東海道本線が代表して、名古屋から岐阜、米原へすすむ。街道から人影が消えた。明治三三年（一九〇〇）、関西鉄道（当時）が開通。宿場に終止符が打たれた。

旧街道が国道にあてられたところは、道路拡張のため旧宿は容赦なく壊されたが、昭和二七年（一九六二）、国道1号は関宿からそれて開通。道路で発展をもくろんでいた人は、鉄道につづいてまたしてもアテが外れたが、結果として町並みが残ることになった。

関まちなみ資料館で見かけた「関宿まちなみ保存関係年表」を見ていて気づいたのだが、昭和四年（一九二九）という並み外れて早い時機に関町に目をとめた人がいる。誰もまだ都市を論じるなど考えたこともなかったころ、いち早く都市論を展開した学者橡内吉胤《とちないよしたね》で、町長に町の保存を進言した。そのころすでに全国の旧宿場町の大半は壊されていて、そのなかで珍しく元のままで残っており、保存することの貴重さを説いたものと思われる。

年表で次に保存のことが出てくるのは三二年後の昭和三六年（一九六一）だから、誰も旧町の保存など思いもよらず、さびれた町が、さびれたままに放置されていたのだろう。建て換えをするにもウナギの寝床のような敷地割りでは二の足を踏む。昔の地割りが旧町保護の守護神になった。

昭和三〇年代にはじまる「所得倍増」をキャッチフレーズにした高度成長は、日本の町のたたずまいを大きく変えた。重厚な瓦屋根に白壁ではなく、スレートに新建材、プラスチックの装飾。古い家並みがブッ壊されて、アーケードのある〇〇銀座に模様替えをした。由緒ある寺町も、城下町も、どこもかしこも同じような商店街の安っぽい町並みに変貌した。この時期をはさんで、日本の町が一挙に限りなく醜くなった。

やっと古さのよさ、伝統的なものの意味に気づいたのは、昭和五〇年代になってからである。昭和五五年（一九八〇）、関町町並み保存会発足。保存条例や関連規則を制定。四年後の五九年（一九八四）、選定の答申をみて、国家補助による修理修景事業が始まった。民間の保存会と行政が二人三脚でまちづくりを成功させた。

年表をながめていて思い出したが、以前、いちど関町に来たことがある。べつだん宿場町に関心があったわけではなく、年表に照らすと保存会が発足した前後にあたるが、隣町の亀山を訪ねたついでに足を運んだ。いやに古ぼけた町だなァ——そんなことを思いながら、早足で東から西に歩いていたら、関の地蔵堂の前の小広場に机と椅子を出して、チラシを配っている老人がいた。チラシを立ち読みしていると、長寿眉のじいさんが、ギョロリにらんで問いかけてきた。

「日本の中心はどこか、知っとるか？」

急に問われたのでキョトンと白いもじゃもじゃ眉をながめていると、ドンと机をたたいて「ここじゃ、関町じゃ」と言った。「それが証拠に、ここから東を関東、西を関西と言うじゃろう」

目の前で力説されると、なんだかそのような気がして、「ナルホド」とうなずくと、相手もコックリ大きくうなずき、前の椅子にかけさせて、ひとくさり関町自慢をした。そのうちお天気が急変して、大つぶの雨が落ちてきて、じいさんは前の商店へ、こちらは地蔵堂に駆けこんだ。松根東洋城に隣宿の坂下（坂ノ下）を詠んだ句がある。「昔東海道鈴鹿坂下時雨《しぐれ》かな」。思いがけず時間をとられ、東洋城ともじって腹いせにした。「昔東海道時雨れ関宿じいかな」。

中町の切れるところに関の地蔵堂がある。天平一三年（七四一）の開基とつたわる名刹である。ふつうお堂は石の柵で囲われているものだが、ここには柵めいたものはなく、境内は開かれていて、町の広場といったところだ。小さな町の住民大会などにも使える。コミュニティの中心になる。お地蔵さんに見守られていると、我ままな暴論をまくしたてるなんてはばかられる。町並み保存のひそかな後見者だったのかもしれない。

地蔵堂から西が新所地区である。新所は一帯の通称で、正確には中町に近い東半分が地蔵町、堺町で、その西は中木戸、石橋町、御旅町。町の人にはわかっても、よそ者には同じ一筋道である。

関宿を歩くと、かつての宿場町のもっていた特色がよくわかる。たいてい三〜四町が一本の道につらなっているわけだが、家並みにも微妙な変化がある。東の追分に始まった木崎は平屋ないし中二階の背の低い家並みで、壁の意匠も簡素である。真壁が黒で塗りこめてあったりする。

中町は関宿の中心であって、本陣、脇本陣、問屋、高札場などが建ち並んでいた。町屋も大規模なものが多く、大旅籠といわれる宿が集中していた。二階に手のこんだ虫籠窓、全面に手すり、受ける印象が華やかである。

新所の東半分は中町のつづきのようで、中二階がつづき、主屋の横に庭を設けて、高塀をめぐらす屋敷風もまじっている。それが西の追分に近づくにつれて小振りの町屋になり、地味な仕舞屋《しもたや》がつづき、職人町などだったと思われる。

ゆるやかな変化であって、行きつもどりつしていると、やっと気がつく。一・八キロのひと筋のなかに、さまざまな旅行者が自分に似合いのエリアを見つけて一夜を過ごすということになる。身分社会は旅先の宿りの選択にも及んでいた。

西の追分は加太峠をこえて、伊賀上野、奈良へと至る大和街道の分岐点である。昔の絵図によると常夜燈が置かれていたようだが、今はなく、元禄年間の建立とつたわる背の高い石碑が一つ、表にひげ文字で「南無妙法蓮華経」とあり、横に「ひたりハいかやまとみち」と、これもひげ文字でしるされている。俳聖芭蕉は伊賀上野の人であって、諸国行脚を終えて故郷に帰るとき、当時建てられたばかりの道標を、しげしげと見上げていたのではなかろうか。

西の追分を出たところで旧道は国道1号と合わさり、目まぐるしく車が走っていく。四八番坂ノ下宿は、関宿とは打ってかわって、建物その他すべて取り壊されて、きれいさっぱり何もない。本陣跡、金蔵院跡といった石の標識が草むらのなかから顔を出していた。

大和街道は西の追分で国道1号と分岐する。追分のお題目塔には「いかやまと」道とあったが、公式には「加太越奈良道」といった。奈良から加太峠をこえて関に至る道は、大海人皇子が壬申《じんしん》の乱（六七二）のときに通った道で、鈴鹿峠が開かれる以前の「東海道」とする説があるらしい。

そんな説に誘われて、加太宿まで足をのばした。JR関西本線は二両きりの電車が加太川沿いにすすみ、トンネルを二つ抜けると加太駅に着く。ただのトンネルではなく、金場隧道《かねばずいどう》、坊《ぼう》谷《だに》隧道といって、明治二三年（一八九〇）、当時の技術の粋をあげて完成したもので、鉄道ファンには必見のトンネルだという。駅に大きな写真で解説してある。今でこそ関西本線はものさびしいローカル線だが、かつては大阪・奈良・名古屋を結ぶ幹線であり、だからこそ困難な地形に美しいレンガ積みの隧道をもってした。

加太駅から次の柘植《つげ》駅とのあいだには加太隧道があるが、全長が関西線最長の九三〇メートル、勾配が1／40と、もっとも急な隧道である。工事は東口（加太側）、西口（柘植側）、縦坑（中央部）の三方から掘削され、明治二三年の一二月に完成した。急勾配を均等に上がっていくため、大きな堤が設けられ、またスイッチバックのための線路もあった。かつての技術者たちの力の入れようが見てとれる。

加太は集落と寺が山沿いの高台にちらばり、眼下は田畑と川が美しい里の風景をつくっている。まるで「絵に描いたような」というのは、このような風景をいうのだろう。高い空、一面の緑、澄んだ川水と白い砂。腰をかがめた人が畦道をノロノロとリヤカーを引いていく。寺の石段に腰をすえて、時間がとまったような景観を、ひとしきりながめていた。

第四九番宿　土山――大名行列

箱根につぐ難所といわれる鈴鹿峠をこえると土山である。伊勢湾から吹き上げてくる風は、峠をこえると雨になることが多く、そこから「坂は照る照る鈴鹿は曇る、あいの土山雨が降る」の馬子唄が生まれたというが、広重も雨をモチーフにした。タイトルは「春之雨」。大名行列の一行が宿の手前の田村川にかかる板橋を渡っていく。降りしきる雨の中、槍、両掛の足軽たちの先頭集団を、斜め上からとらえている。水しぶきを上げて走り下る川。全員が菅笠に茶色、青色の合羽を身にまとい、足元を見つめるようにして進んでいく。

諸大名が、一定の時期を限って江戸に伺候するのを「参勤」、領地に帰ることを「交代」といった。江戸に滞在中は「在府」、帰国すれば「在国」である。慶長七年（一六〇二）、加賀藩二代藩主前田利長が人質になっていた母（利家夫人）を訪ねて出府したのが、参勤交代の始まりと言われている。人質差し出しによる忠誠の証は織豊時代にも見られたことだが、徳川家康が江戸に幕府を開くと、多くの大名が出府するようになった。制度化されたのは、寛永一二年

（一六三五）、三代将軍家光のときの「武家諸法度」によってである。「大名小名、在・江戸交替相《あい》定むる所なり。毎歳、夏四月中、参勤致すべし」

大名は毎年四月交代で江戸に参勤することが正式に定められた。同年六月、加賀藩主前田利常をはじめ、北国・東国の外様大名二六人が帰国、薩摩藩主島津家久ら西国の外様大名五五人が在府を命じられた。

七年後の寛永一九年（一六四二）、これまで在府だった譜代大名は、六月あるいは八月に交代、また関東の譜代大名は二月と八月の半年交代が定められ、ほとんどの大名が参勤交代するようになった。

例外は御三家で、尾張、紀伊両家は三月交代で在府・在国各一年、水戸家は江戸に定府。幕府の老中、若年寄、奉行などの役付大名、それに糸魚川藩など一部の大名が定府と定まった。制度化されて約八〇年後の享保七年（一七二二）、八代将軍吉宗のときに、幕府は財政建て直しのため大名に上米を命じ、そのかわり参勤期間を半年に縮めたことがあるが、八年で旧制にもどした。幕末の文久二年（一八六二）、大名は三年に一度、または一〇〇日の在府、妻子は在府・在国自由とした。この時点で二二七年間つづいた参勤交代制度は、事実上崩壊していた。幕府は翌年、旧制復帰を図ったが、もはや崩壊はとどめようなく、明治維新を迎えた。

大名行列は江戸防備のため、大名と家臣団が国を出て出府する。単なる名目とはいえ軍団の旅であって、はじめはどの藩も、より多くの人員でより華やかにつとめ、競って権勢を誇示した。加賀一〇〇万石はメンツにかけても最大の行列でなくてはならない。二〇〇〇人程度で始まったものが、みるまに三〇〇〇余人を数えるまでになった。直臣《じきしん》、陪臣《ばいしん》、小者の奉公人、宿継人足、家中の馬、駅馬……長い行列が粛々と北国街道を進んでいく。信濃国柏原生まれの俳人一茶が、句にのこしている。

跡供《あととも》は霞《かすみ》ひきけり加賀の守

東北の雄藩仙台・伊達氏は奥州街道と決められていた。仙台城下より江戸まで六九宿、九二里三〇丁（約三六五キロ）。行列は一時は二〇〇〇人をこえた。華やかに外見を飾るのを「ダテ（伊達）」というが、藩祖伊達政宗以来の気風に由来している。

九州や四国の西国大名は多く船を利用した。熊本藩三代細川綱利は参勤交代用の御座船を二度造り替えた。その雅やかな船旅は「熊本藩御船賦之図」などの絵巻になった。

これだけ大がかりな軍団大移動となると、莫大な費用がかかる。宿泊費のほかに休憩費、藩士への手当、川越の人足費、日用人足費、本陣等への土産代……。出費は数かぎりない。加賀藩の場合を現代の財務で試算すると、一度の参勤に三億五〇〇〇万円を要したという。享保六年（一七二一）、幕府は華美を戒め、参勤交代の人数を制限した。加賀藩では三〇〇〇余人が、おおむね二〇〇〇人、ときには一七〇〇人程度に落ち着いた。

幕府に言われるまでもなく、藩自体が経費に音《ね》を上げていた。参勤交代制度は移動の旅だけではなく、江戸での生活をともなっている。大名の江戸屋敷は、おおむね上屋敷、中屋敷、下屋敷の三邸を必要とした。上屋敷は江戸城に近いところにあって、大名の公邸にあたる。中屋敷は隠居や世子が住んだ。下屋敷は別邸であって、休息用、あるいは国元から送られてくる物資の保管所になった。

藩主は原則として、一年を江戸、一年を国元で暮らす。藩主夫人と子供たちは江戸で生活した。家臣もまた交代で江戸詰めになる。江戸家老をはじめ、大半が単身赴任で出府と帰国をくり返す。これらの費用がまた膨大な額にのぼった。

参勤交代は全国支配者としての将軍の権威を高めるとともに、藩の財政負担を大きくして幕府への反抗を削ぎとる巧妙な大名統制策となった。藩は苦しまぎれに収奪強化に走り、それが江戸後期以後、各地でひんぱんに見られる一揆の原因になった。その一方で参勤交代は巨大な消費都市江戸を生み出し、五街道をはじめとする水陸交通の整備、宿駅の発展、人と物、情報の交流を促した。参勤交代は二二七年に及び、当時の日本のあらゆる人々に、なんらかの影響を及ぼしていた。

文政五年（一八二二）の記録によって、街道ごとの参勤交代の大名数がわかる。

東海道　百五十九藩
中山道　三十四藩
奥州街道　十七藩
日光街道　六藩
甲州街道　三藩

圧倒的に東海道が多い。参勤交代は藩主が対象だが、藩主以外にも御隠居や家老などにも及んだ。「武家諸法度」は嫡子には触れていないが、薩摩や土佐などの大藩では、嫡子の参勤交代も義務づけられていた。土佐藩のケースだが、嫡子、隠居以外に、家老が藩主の代わりに参勤することがあった。主に国元で藩主が亡くなり、世継ぎをした旨の報告のためで、山内家累代を通じ計六度の家老の参勤があった。名代とはいえ、二四万石の藩主への配慮があり、騎馬、徒歩、足軽、人足たちで相当の行列となったと思われる。

さらに大名に準じるものとして日光例幣使、お茶壺道中、朝鮮使節、琉球使節、長崎出島・

カピタン参礼などが行列をつくって街道を往きかいした。その意味でいうと参勤交代は、三重、四重にわたる国内移動のシステムだった。

歌川広重は天保三年（一八三二）、幕府の御馬《おうま》進献に随行し、東海道を京へ上る旅をした。そのときのスケッチをもとに、翌一八三三年から三四年にかけて『東海道五拾三次』連作を刊行。人気浮世絵師広重の誕生である。

御馬進献は正確には「八朔御馬献上《はっさくおうま》」といって、宮中に対する幕府の重要な行事である。広重は三七番藤川宿に用いているが、御馬献上の一行が宿に入ってくる。手に竹の棒をもった先払いが「したあに、したあに」を唱えていく。挟箱持の荷には「御用」の札がついている。黒と栗毛の馬は朝廷への献上品であって、背に覆いがかけられ、鞍に御幣が立ててある。宿の入口の棒鼻のわきで、宿役人がうやうやしく出迎えている。

幕府の公式行事に、どうして一介の浮世絵師が随員として加わることができたのか。人を介してであって、定火消同心《じょうびけしどうしん》の生まれを生かしたのかもしれない。

広重は当時、三〇代の半ば。街道物をシリーズにする計画がすすんでいた。控え帳にメモをとりながら、注意深く人と土地とを観察していたにちがいない。幕府役人にとって出張がどういうものか、宿役人の応待を通して、移動する集団を内部から見る体験をした。ひとり広重にのみあって、ほかの浮世絵師にはなかった視点である。さらに幕府直々の行事を通して、諸藩の大名行列の実態も知ることができたようだ。

参勤交代には厳格な手順があって、日取りがきまると、藩の担当役人が各宿駅に宿泊、中休みを伝えて請書をとる。宿泊予約である。通行の一ヵ月前に念押しをした。実際に動き出すと、宿割り役人が先行して確認していく。

川留めや天候不順で遅れると、先々の宿をキャンセルして新しく手配しなくてはならない。米持参の旅であって、旅程が長引くと米が足りないといった悲惨なことになる。幼い世子の参勤ともなると、なおのこと厄介だった。若殿が駕籠酔いをしたり、退屈してむずかる。お守り役がご機嫌をとりながら進まなくてはならない。途中で病気をされると、担当は命が細る思いをしたことだろう。

大名や藩士からすると、参勤交代は「百害あって一利なし」だった。何よりも莫大な費用に苦しんだ。大名が本陣に泊った場合、たてまえからすれば無償だったが、実際はそうはいかない。宿の入口の関札に、何々殿御一行止宿が麗々しく掲げてある。本陣同士で情報がいきわたっており、体面もあれば、法外な心付けをするはめになる。

広重が東海道を上ったのは、幕藩体制が音を立てて崩れかけていたころである。藩によっては恥も外聞も捨て、本陣を避けて寺や旅籠を利用してすませるところもあった。あるいは昼夜兼行で帰国を急いだり、途中で足が出て、幕府に金策を求めるケースもあった。必ずや噂ばなしになり、尾ひれをつけて語られていたと思われる。

もともと大名行列は奇妙なものだった。行列に音楽がつけ加わるのは、維新後の政府軍が採用した軍楽隊以後であって、それまでは無言のままの行進である。さらに大名行列にはこまかい規則があって、賭博、勝負事はもとより、喧嘩、口論、泥酔厳禁、煙草までも禁じられていた。きらびやかないで立ちのわりには、ただ芸もなく疲れた足どりで黙々と通過していく集団だった。

広重は街道の特性に敬意を表して、出だしの日本橋・品川宿を大名行列で飾ったが、以後は思いきり視野をひろげた遠景のフォーカスにした。そうでなければ、急坂や雪や雨に住き悩む情景をシーンに仕立てた。

そこには特有の雰囲気がある。押し黙った集団には、いかなる言葉もなく、ただ黙々と進んでいく。疲労が色濃いのは、強行軍の長旅以上に、経費だけ費やす無意味なしきたりそのものへの徒労感を思わせる。

土山の景が象徴的だ。一行を押し流す勢いで烈しく落ちかかる川水、石つぶてのように落ちてくる雨。足は水に沈み、行手には暗い森が待ちかまえている。

大名行列は徹底して消費だけの旅だった。膠着した制度にあって、定式化した移動のパター

「土山　春之雨」

ンが際限もなくくり返されたにすぎない。幕府崩壊とともに二百数十年に及ぶ伝統が、まるでハナからなかったように消失した。

大名行列と対比するようにして、広重は同じ街道のおなじみの移動者を描いている。旅する職人、駕籠屋、飛脚、廻国修験者、旅廻りの芸人、相撲取り、薬売り、芝居の興業、巡礼者……、こちらは生産の旅でもある。物流の末端を荷ない、生産と結びついている。そこで生活の糧を見つけたり、活力を貯える。そして誰もが自分の言葉をもっていた。茶店で茶を飲む男、松の根方で煙草をふかす男。そこからにぎやかな話し声や哄笑が聞こえてくる。旅人同士、店の女、行きかう人々の人間くさいやりとり。

それだけ、なおのこと、大名行列の重い足どりと、声のない、きらびやかな幽鬼に似た集団が印象深い。浮世絵師広重はそれと知らず、シリーズの中に時代の予告絵をまじえたようなのだ。

水口《みなくち》・石部——名産名物

ガイドブックによると、水口宿《みなくち》もよりの駅は近江鉄道水口石橋駅。東海道本線の草津と関西本線の柘植《つげ》を結ぶ草津線で貴生川《きぶがわ》へ行き、そこで近江鉄道に乗り換える。路線図をよく見ると、水口城南、水口石橋、水口、水口松尾と「水口」のつく駅が四つある。水口駅ではなく、二番目の「石橋」のつく水口で降りるわけだ。

鉄道にくわしい人なら、すぐに「ハハーン」とわかる。この辺りは甲賀《こうか》地方と呼ばれ、聖武天皇の御世に紫香楽宮《しがらき》が置かれたほど早くからひらけたところだが、明治になって鉄道が敷かれたとき、東海道本線と関西本線の谷間になって取り残された。地元で運動をして南北二つの本線をつなぐ草津線はできたが、かつての近江商人の里は東西にのびており、私鉄の近江鉄道をつくって、町々を結んでいった。地元の要請で駅がどんどんふえて、走ってはすぐにとまる路線になった——。

おおかた予想どおりで、貴生川から多少とも古色をおびた電車に乗ると、走り出してすぐにとまった。「城南」とあるのは、城の南だからだろう。水口藩二万五〇〇〇石。小堀遠州の築城により、天和二年(一六八二)、加藤明友《あきとも》が城主として入城。碧水《へきすい》城とも呼ばれた。石垣と堀は元のままで、乾《いぬい》矢倉《やぐら》が復元されて資料館になっている。

歴史好きなら、首をひねるだろう。城下町に宿が置かれたケースはいくらもあるが、ここでは東海道が定められてより八〇年ばかりもしてから、やっと城ができたことになる。小堀遠州は茶道で聞こえているが、庭造り城造りの名手としても知られていた。

その城南駅を出たと思うと、電車はまたすぐにとまって水口石橋駅。あわててとび下りると、たしかに駅舎からすぐのところに石の橋がある。あとでわかったが、二、三歩で渡れるほどの小さな橋ながら、意味深い境界の役まわりを果たしてきた。これを境にして東が水口宿、西は水口藩お城下。宿駅の終る橋の向こうに、あとから城下町がくっついた。

京へのへだたりがほどよいところから選ばれたのだろうが、水口は将軍家の東海道通行に際して休息地になっていた。家康一行は宿内の寺か旅籠に分宿した。つぎの秀忠のとき専用の宿泊施設(御殿)がつくられた。権力が安定すると、側近が大きなハコモノを造りたがるもので、三代家光の上洛にあたり、城が築かれた。小堀遠州は近江の出であって、築城家としても定評があり、おのずと白羽の矢が立ったのだろう。

将軍家上洛の習わしは家光で打ちどめ、三代きりでとだえて水口城は無用の城になった。ハ

「水口　名物干瓢」

コモノは造ったからには管理しなくてはならない。そこで城番制が設けられ、五〇〇〇石から一万石の旗本のお役となった。気楽な役職であり、赴任して一年か二年すると替わっていく。そんなふうにして二九代、五〇年がすぎた。

やがて幕府官僚が目をつけた。城があるのだから藩を立てれば、大名のポストが一つふえる。徳川体制の初代が終わり、二代目、三代目となるにつれ、子や孫がウの目タカの目でポストを探していた。まず水口藩二万石が立藩されて、賤ヶ岳七本槍の加藤嘉明《よしあき》の孫明友が入国。いちど転勤になったが、七年ほどで加藤家がもどり、明治維新まで藩主をつとめた。

石橋に立ち、ともかくもまず宿場町に向かった。なぜか道が三つに分かれ、入口にからくり時計が据えてある。水口が町として発展するなかで祭礼が大がかりになり、おなじみの曳山が登場した。はじめは九基が町内を巡行したが、町衆の力が増すにつれ、つぎつぎにふえて、三〇基あまりになった。町内ごとに競うもので、おおかたが「二層露天式人形飾屋台」の形式をとり、複雑な木組み、精緻な彫刻、華やかな幕に飾られている石山の上にはからくり仕掛けの作り物をのせる。これも町内で腕を競った。そんな伝統が、今にいたってもからくり時計をもたらしたらしいのだ。

三筋の道は、東西ともまた一つになる。中心部は紡錘型をしているわけで、旧道に新道がよりそってできたのだろうが、全国的にも珍しい町割りである。なにしろ一本の道が急に三本に分かれて町並みをつくり、三本がまた一本になって町並みがとぎれる。

その水口の名産・名物は干瓢《かんぴょう》、泥鰌《どじょう》汁、キセル、藤《とう》細工、葛籠《つづら》細工、と盛り沢山で、広重は干瓢を画題にした。宿を出た辺りの村落だろう。干瓢は寿司や煮物に使われるが、ユウガオ（夕顔）をひも状に細長く剝《む》いて乾燥させたもの。女がむしろの上に俎板《まないた》を据え、包丁で大きなユウガオを剝いている。娘と嫁が手伝っていて、棒に渡した縄に娘がひも状の干瓢をかけていく。赤子をおぶった嫁が、つぎのユウガオを運んできた。けっこう重いらしく、口をあけてあえいだ顔つき。そんなふうに女たちの内職でつくられていたとみえる。

向かいの家でも干瓢を作っている。そんな作業風景に目もくれずトットと歩いていくのは、上半身はだかで腹掛けの男。包みを棒に結びつけて担いでいく。旅慣れた風体よりして遍歴の職人らしい。

歴史民俗資料館に豪華な曳山と並んで、水口細工が展示してある。細工物のうちでも、藤細工がすばらしい。蔓《つる》を加工して手文庫などに織り上げたもので、色、模様とも繊細で、気品がある。一つをつくるのに、どれほどの手間と時間がかかったものか、文政九年（一八二六）、オランダ商館長付の医師シーボルトが長崎・江戸を往復したが、その旅日記『江戸参府紀行』にも水口の細工物に目をみはったくだりがある。明治六年（一八七三）、ウィーン万国博に出品したところ賞を得て、海外から注文が殺到した。

指先が器用で、センスがあって、おそろしく根気の要る仕事にも我慢できる日本人がいてこその話である。昭和になるとその手の人が少なくなったのだろう。藤細工より簡単な檜細工がとってかわった。戦後はそれもやり手がいなくなって、池田内閣が「所得倍増」をぶち上げた昭和四〇年代に細工物いっさいが消えていった。

せっかくだから水口城へ足を運んだ。ほぼ正方形の地割りで堀が石垣をとり巻いている。小堀遠州は近江国小堀村の生まれ。茶の湯では遠州流を立てる一方で、作事奉行として江戸城や駿府城、名古屋城、大坂城など、幕府や朝廷の建物、造園を手がけた。人を束ねて使うのが上手だったとみえる。水口城は家光の上洛に間に合わせるため、のべ一〇万人のスタッフを動員して、半年あまりで完成した。突貫工事の産物にしては小振りながら堀、石垣とも大らかなスケールをもち、さすが名人の手になるものと思わせる。

城の近辺は武家屋敷エリアだから、商家の並ぶ橋向こうとちがって、家並みが大きくなる。とともに人通りも少なくなって、もの静かな雰囲気につつまれている。

そこの一角に古い医院があった。冠木門を入ると前庭があり、踏み石が玄関へとつづいている。窓の大きな出っぱりの部屋が診察室らしい。家全体がしんと静まり返っていて、ひとけがない。看板の古びぐあいからして、かなり前に廃業したのだろう、建物全体が古色をおび、現代医学と縁の切れた過去の遺物そのものに見える。

水口細工(甲賀市蔵)水口歴史民俗資料館保管

少し先の筋向かいに、白いシャレた西洋館がある。説明板によると、キリスト教水口教会で、昭和五年(一九三〇)に建てられた。設計はヴォーリズ。近江八幡市に本社を置いて、塗り薬メンソレータムをはじめ、医薬の複雑で先駆的な活動をしてきたアメリカ人宣教師ヴォーリズは、建築にも秀でていて、多くの建物を建てた。「ヴォーリズ様式」と呼ばれ、洋風を基調にして巧みに和風をとりこんだ、独特の親しみのあるスタイルである。水口教会もその一つで、白い壁と三角屋根の組み合わせがスッキリとしていて美しい。

商人地区は寺と神社とお稲荷さんとすると、旧武家筋はキリスト教に親しみ、お経ではなく讃美歌をうたっていた。

そのままの道なりで水口から石部へは三里

一二丁、約一三キロ。常夜燈の先で野洲川を渡る。渡しだが、水かさによって渡し場が移動したらしい。対岸の三雲の里で天保義民碑と行きあった。天保一三年（一八四二）、幕府の検地に対して、甲賀、野洲、栗太三郡の農民約四万が抗議のデモをして、「検地十万日延期」をかちとった。「十万日」とは言葉のアヤでつまりは取り下げ、権力側の鼻をあかしたわけだ。こんな場合、権力側は陰険な仕返しをするもので、一揆のリーダーほか首謀者一〇人余を処刑、さらに多くをながながと劣悪な獄舎に閉じこめて獄死させた。幕府崩壊に先立つ二〇数年前、街道筋で時代の変化を絵解きしたような事件があった。

江戸時代の道中記は簡潔に「京立ち石部《いしべ》泊り」と述べている。京を早朝に立つと、距離からいって一泊目は石部あたり。長丁場であれば、急ぎすぎずノンビリしすぎず、自分のペースをつかむこと。

これは江戸へ下る場合であって、江戸から京へよる人には、長旅も終着がつい目と鼻の先にきた。心が高ぶり、財布の紐をゆるくする。そいのせいか品川からの番数でいうと四九番土山、五〇番水口、五一番石部近辺にくると、道中記の「名産名物」がぐっとふえてくる。宿場だけでなく途中の立場《たてば》、つまり休憩所ごとに、軒なみ食べ物、飲み物、土産物がしるされている。

京を発つと、下り旅第一夜ということで、石部はなかなか大きな宿場だった。京に近い重要な生活道ということで、防御の点を考えたのだろう。「鉤《かぎ》の手道」といって、通りが二度にわたり九〇度の角度で曲がり、宿を見通せない構造になっていた。

二つの本陣は管轄がちがっていて、一方は幕府直轄で三大寺本陣といい、他方は膳所《ぜぜ》藩直轄で小島本陣といった。管轄のちがいがどのようなことに及ぶのかははっきりしないが、資料館に掲げてある「主要休泊者一覧表」をよく見ると、大名の宿泊にあたり、三大寺本陣は一万石か二万石の小藩が多く、万石以下の旗本もまじっている。これに対して小島本陣には、出雲松江藩一八万石、豊前小倉藩一五万石、備前岡山藩三一万石など、大藩が名をつらねている。定宿によるにあたり、どちらによるか、何がしかの配慮があったのだろうか。

定宿にきめると、大名方から自家の紋付上下が本陣に下しおかれた。実用性もあって、その大名の到来を知らされると、主人はその紋付上下を着て宿外れの見付で一行を出迎え、行列の先頭に立って本陣の玄関まで案内した。拝領の上下は専属ホテルガイドの私服でもあったわけだ。

大藩の大名行列となると大人数で、本陣だけでは収容しきれない。筑後久留米二一万石となると、本陣以外に下宿七軒、日雇下宿二軒に分宿した。備前岡山藩には本陣のほかに下宿二一軒、日雇下宿二三軒があてられた。旅籠屋だけでは足りなくて、一般民家まで動員されることもあった。そんなときは宿全体が、てんやわんやの騒ぎだったと思われる。

石部宿場子守唄というのがあって、歌い出しは「石部よいとこ宿場がござるお半長ヱ門の仮まくら」。俗にいう「おはん長」、演目「桂川連理の柵《かつらがわれんりのしがらみ》」は石部宿を舞台にしている。信濃屋のお半と京の呉服商帯屋《おびや》長右衛門は、ひょんなことから当地で結ばれた。

伊勢参宮をすませたもどり道に石部の宿《やど》で、お半は丁稚の長吉に迫られ、たまたま泊り合わせていた長右衛門の部屋に逃げこんだ。それが縁で二人は結ばれ、やがてお半は身ごもった。妻ある長右衛門は縁をきろうとするのだが、お半は死を覚悟しており、書き置きをのこして桂川へ走った。書き置きを読んだ長右衛門があとを追い、とどのつまり二人は心中をとげる。

歌舞伎によくあるとおり、実際の出来事をモデルにしている。宝暦年間（一七六〇年代）のこと、一四歳の娘と三六歳（一説には三八歳）の隣家の商人が京の桂川で心中した。さっそく瓦版が出て大評判になり、齢ごろも同じにして舞台化された。四日市までは東海道は伊勢道でもあって、参宮の帰り、明日は京に帰り着くという前夜に、丁稚が主人の娘への思いを果たそうとしたわけだ。ストーリィからして前夜の宿の石部が選ばれた。たいていの人は石部というと「おはん長」を思い出した。

そういえば広重東海道の隷書版に見る一つのシーンは、芝居のストーリィとかかわるようなのだ。斜め上から対角状に旅籠屋を招いており、奥に風呂場が見え、ちょうど男二人が入浴中。廊下左の部屋は風呂上がりの二人づれで、一人は按摩に足をもませている。そこへ下女が夕食

「石部」隷書版

を運んできた。

ここまではごく通常の宿屋風景だが、廊下で結ばれた手前の部屋が奇妙である。ゆったりとすわった男と向き合ってふうに若い女が縁側に立っていて、辺りをうかがうようす。二階の手すりから身をのり出した男がいる。かたわらの女は下女だとすると、下のようすを訊きただしたらしい。「おはん長」を図解したシーンだとすると、ゆったりすわっているのが帯屋長右衛門、縁側の女がおはん、二階からのぞいているのが長吉という役まわりになる。

現在の石部はもの静かな町である。支線草津線がのんびりと走っていて、平べったい箱のような石部駅の前はひとけない広場で、連子格子の古い商家が軒を並べている。この地方の風習なのか、ふつう鬼瓦のあるところに、烏帽子にアゴひげの長者のような人物の半身がのせてある。前には波と太陽を図案化したような飾り瓦。精巧に刻まれていて福々しい。

和菓子　谷口長栄堂
石部のめし屋　佛壇　佛具　神輿
塗師　安井

もはや看板だけかもしれないが、古い商いのようすがただよっている。

西の宿外れに金山跡があって、堅ブツをからかう「石部金吉」発祥の地だそうだ。融通がきかず、何ごとも杓子定規で、女に迷ったりは決してしない男、そんなヤボ天の石部金吉がツヤっぽい「おはん長」と同じ住人とはまるで知らなかった。

その金山跡をすぎてしばらくのところに、「史跡葛和中散本舗」の石碑が立っている。碑も立派だが、うしろの屋敷が輪をかけて立派である。街道に面して長い格子戸がつづき、軒の長短で税がきまったとすると、おそらく高税をものともしなかったつくりである。江戸幕府の創成期に、すでに生薬屋として評判が高く、徳川家康が腹痛を起こした際、ここの薬で全快、「和中散」の名を与えたという。初代が大角彌右衛門。代々の家名となっているらしく、今も

「石部　目川ノ里」

同名の標札が見える。

木組みの美しい軒の柱に「本家ぜさい」と朱色をのせた古い看板がかかげてある。かつて和中散を商う店が五軒あった。本家は「是斎《ぜさい》」といって、「ゆきゝの諸侯　多くここに駕をとどめる」。看板は金具をあしらい、全体が桃のような形をしていて、工芸品のように美しい。こちらは旧の仕事場兼ショーウィンドウで、向かいの屋敷がお住まいのようだ。庭園の横に薬師堂があって、商売の守り神というものだ。古井戸のそばに、かつて薬づくりに使われたらしい石臼や薬研《やげん》、木製の動輪が置かれていた。辺りはしんと静まり返っていて、まっ白な障子がピタリと閉ざされている。

さらに西にすすむと目川《めかわ》の集落である。広重が石部を距離的にはずっと草津に近い「目川ノ里」であらわしたのは、「菜めしてんかく」（でんがく）で知られていたからだ。青葉を刻みこみ、塩味で炊きあげたのが菜飯、豆腐を串に刺して味噌をぬって焼いたのが田楽、ともに庶民の食べ物であって、セットでもよく、アツアツをフーフーしながら食べる。もっともポピュラーな保永堂版には、いちばん似合っている。食い物は直観であって、隷書版の「おはん長」のように、もの思わしげな絵柄などの必要がない。

目川には名物「菜飯田楽」を商う立場茶屋が三軒あった。本家が小島屋、広重は隣りの元伊勢屋をモデルにした。往来に向けて床几《しょうぎ》が据えてあって、ついひと休みしたくなる。

軒まわりのノレンに「いせや」と染めつけてある。馬がつながれていて、客は中で食事中と見える。古木のかたわらの上半身裸の男は駕籠かきだろう。店にとっては客を運びこんでくれる営業マンでもあり、茶屋の女がお茶を運んでいく。

店の前で扇をかかげて踊っている男がいる。あとの連中がお仲間とすると、グループで伊勢詣に向かうところかもしれない。京を発ち、大津、草津をすぎると最初の宿が待っている。規制ずくめの日常をはなれ、旅に出たときの解放感から、ついからだが踊り出したものか。背後から仲間が、浮かれるのはまだ早いと自制をうながしているようでもある。

前に三人づれの女。しっかり旅支度をしており、両掛けを担いだ伴の者もいる。こちらも伊勢参りかもしれない。浮かれ男をおもしろげに振り返っている。前方は大きな荷をせおった父と娘。その背中が、自分たちにはかかわりのないことと言いたげだ。遠くの黒い山は琵琶湖の対岸の比良山だろう。琵琶湖が見えるはずはないのだが、いかにも広大な湖水がひらけているように描いてある。

草津——道しるべ

第五二番宿

ＪＲ東海道本線草津駅下車。駅前から線路に添うかたちで商店街を西にすすむと、高い土堤に突きあたる。土堤沿いに南へ少し行くとトンネルがあって、トンネルから出たところが旧草津宿《しゅく》。旧宿と、その後に発展した市街とが高い土堤で区切られている。といって、べつだん区分の土堤というわけではない。ながらく水は流れていないが、レッキとした川だった。その名も草津川といって、旧宿の端を流れていた。いつのころからか川床が高くなり、とうとう二階屋の屋根よりも高くなった。出水のときは上から川水が落ちてくる。宿場は散々、草津川に苦しめられた。

右　東海道いせみち
左　中仙道美のぢ

石垣の上に立派な道しるべが立っている。かつての五街道のなかでも、とりわけ重要な幹線が合わさるところであって、分岐する一点である。昔はそんな一点を「追分《おいわけ》」といった。道標と並び高札や、道中安全の石仏が据えられていた。西からの旅人は長旅にそなえ、やおら足ごしらえをあらため、荷物を担いなおしたことだろう。

石の道標の上に木造の明かりとりがのっている。「火袋」とよばれ、燈籠の役目を果たした。これを入れて高さ三・九二メートル。石垣の上、さらに二段の台座にのっているので、ひときわ高く、大きく見える。幕府公認の公道の重要な設備だから幕府が設置したと思うところだが、封建時代の為政者は民衆サービスなど一切しなかった。宿場がプランをつくり寄進者をつのったのだろう。台座に名前が刻んである。「飛脚問屋」「宰領中」「日雇方」などとあって、道路業界の面々に寄付が割り当てられたようである。文化一三年（一八一六）三月の日付。イギリス船が浦賀に来航して大騒ぎになるのが翌年のこと。おりしも各地で年貢減免を求めた強訴《ごうそ》、打ち壊しが続発、幕藩体制が大きくゆらぎ出したころである。

その一〇年あまり前、享和三年（一八〇三）の記録によると、当時草津宿の家数五二二軒、人口二一九〇人、旅籠屋七二軒、前年の五月、洪水があって問屋場が流失した。六月、草津川がおさだまりの氾濫、京に上る途中だった滝沢馬琴が旅日記のなかに災害のさまを書きとめている。三年後の文化二年、伊能忠敬がチームを組んで測量にきた。

道標のいう「右　東海道いせみち」を少し行くと、寺の門前に石柱があって、太い文字で「右東海道／左中仙道」と彫りこまれている。もともと追分にあったものが、何かの理由で門前に移されたらしい。さらにその先の土堤の上に火袋付の石の道標があって、「右金勝寺志がらき道／左東海道いせ道」とある。志がらき（信楽）への道が分岐する追分にあったものとみえる。同じ文化一三年三月の日付だが、刻まれているのは京都の中井氏のみ。宿の呼びかけに応じたが、業界筋といっしょはいやということで、べつの追分担当になったのではなかろうか。

広重では、宿場ではなく「名物立場」が描かれている。「姥《うば》が餅」の店は街道きっての名物として知られ、宿外れの村にあって、馬子や駕籠かきの休息所も兼ねていた。広い土間に上敷きつきの床几《しょうぎ》が置かれていて、客がおもいおもいに餅を食ったり、お茶を飲んでいる。中央にカマドがあって、奥で女たちが餅をこねている。すぐ前の道を二丁の駕籠がすれちがった。角に道標が見える。これは木製で、餅屋が立てたのだろう。中山道への脇道があったようで、木の繋った暗い道を、二人が手を差しのべてたしかめ合っている。

東からの旅人は、伊勢より近江に入り、土山、水口、石部とたどってきて、五二番が草津である。いよいよ京に近づいた。気持が高揚すると腹がすくもので、石部を出てしばらく行くと、日川の集落で、すでに述べたように「草津宿まで半里」の小さな石柱がある。菜飯《なめし》が名物で、旅人が軽食をとったところだから、土地の人がサービスに石柱を立てたのだろう。さらに

「草津　名物立場」

半里すすむと梅木の集落で、以前はここに一里塚があった。道の両側に五間四方の土盛りをして、上に椋《むく》や松の木が植わっている。これとても幕府の土木局が設置したわけではなく、指示を出しただけで、各宿場が従ったかどうかはわからない。

梅木は石部と草津間の間《あい》の宿で、これも先に触れたが、和中散本舗という薬屋が繁昌していた。名物図会にも出てきて、旅人のお目当ての一つだったようだ。元和元年（一六一五）、半井《なからい》卜養《ぼくよう》という医師が始めたというが、万病に効く和中散、小児用の奇妙丸などを商っていた。東海道が街道として整備されてきた直後のことで、目のさとい医師がいたものだ。

やがて名物「姥が餅」。日川の菜飯で腹がふくれていても、街道とびきりの名物とあれば食さないではいられない。やや満腹すぎの腹をなでながら、草津宿に入っていく――いや、そう簡単には入れない。天井川の草津川が通せんぼをしている。旅人は指示標に従い、左方ななめに土堤を這い上がり、川渡りして、右方へ下って街道へ出た。目の前の旅籠街を見やりながら、ブツクサ苦情を述べたと思われる。

草津宿本陣田中家の建物がそっくり残っている。東海道の旧本陣が今につたわるのは草津と二川のみである。田中家は材木商をいとなんでいたので「木屋本陣」と呼ばれた。江戸時代当初から明治まで本陣をつとめた。これだけの屋台骨を三世紀にわたり守り通したのだから、よほど有能な当主なり、当主夫人か番頭がいたのだろう。

街道に面して表門、ついで主屋、座敷、土蔵などが一体になって、敷地一三〇五坪、建坪四六八坪。偉容と力のほどが見てとれる。

へんな事件もあった。天保一〇年（一八三九）、参勤交代途次の日向国佐土原藩主が当本陣で急死。跡目相続人が決まっていなくて、遺骨がそのまま六〇日間もとどめられた。

幕末にはコロリ（コレラ）がはやって草津宿でも死者が出た。おかげ参りの大群がやってきて、名物の餅がとぶように売れた。長州征伐の軍勢が通っていった。いれかわって笛と太鼓もにぎやかに「宮さん、宮さん、お馬のまえに……」をはやしながら官軍が通過した。

明治維新後、宿場制は廃止され、問屋場は陸運会社や郵便取扱所と名をかえた。それでもしばらくは徒歩中心で、宿場町は健在だった。明治天皇も行幸にさいして、しばしばここで休息している。やがて鉄道時代が到来、駅舎は宿場町を避けてつくられ、町の発展は北にうつって由緒ある町筋がとりのこされた。

明治になって町民が当局に願い出た最初が、草津川の「隧道開削《ずいどう》」だったのだから、よほど不便さに音を上げていたのだろう。それでもなかなか許可が下りず、明治一七年（一八八四）、県令のひと声で実現。アーチ式煉瓦のトンネルで、両側は石組み、幅四・五メートル、長さ四三・六メートル。開削の「儀願書」なるものと、隧道の由来が掲示されていて、当時の人々のよろこびぶりが見てとれる。

土堤で区切られて旧宿は発展にあずかれず、町にとって久しく天井川は厄介ものだったが、おかげで旧宿のたたずまいがよく残った。いまでは、ほっておいても観光客がやってくる、陰の功労者というものだ。

草津川は上流で川のつけ換えがされて、水がこない。ながらくむやみに細長い空地だったが、それを公園にするプランがまとまり、世にめったにない異形の公園が誕生する。まったくもって何が幸いするかわからない。

土曜日の昼下がり。黒い点がみえたかと思うとみるみる近づいてくる。黒い制服の高校生たちの自転車の列だ。ひとしきり銀輪が走り去ると、あとはまたしんと静まり返った。豆屋、傘屋、金物屋、下駄屋、紐屋。ふと見ると、琴、三味線を並べた小さなショーウィンドウに、なつかしいオクターブハーモニカがちょこんと置かれている。店のおばあさんにたずねたところ、売れのこったもので値段は忘れた。

「さあて、なんぼでしたやろなァ」

あまり安いので、おばあさんの言い値の二倍で、もぎとるようにいただいた。

江戸のころそのままに旅籠屋がある。竹の編み籠つきのうば車を押した人が通っていく。

第五三番宿

大津——牛車がいく

広重の大津は「走井茶店《はしりい》」。大津宿から逢坂峠《おうさか》をこえて京都側へ下るところに、こんこんと水の湧き出る井戸があって、「走井」と呼ばれていた。やがてここに茶屋ができた。水だけでは商売にならないので「走井餅」と称する餅を売った。立場茶屋として、けっこう繁昌した。「走井茶店」は、その情景をとりあげている。茶店の前の左がたに、勢いよく水のほとばしる井戸が見える。いましも魚屋がその清水で磐台の魚を冷やしており、子供がそばに寄ってい く。店の中心は餅を食べる人、休憩中の人などがたむろしている。ここら辺りは大谷町といって、どっしりとした民家があり、背後にモッコリした逢坂山。実際は大谷町から山は望めないが、構図の必要から移動させたのだろう。

それはいいのだが、右半分を占めて異様なものが見える、それ自体は牛車であって、牛が荷車をひき、牛方《うしかた》が前で手綱をとっている。阪東は馬の国であって、牛はいないにひとしい。荷運びはもっぱら馬である。東海道も馬専用であって、宿場間で馬賃がいくらか、こまかい規則があった。

馬を見なれた絵師には、荷物を運ぶ牛がよほど珍しく見えたのだろう。先頭の車は米俵、あとの二つは薪のような黒いものを山と積んでいる。たしかに牛ではあるが、まっ黒な異獣のようだ。胴が大きすぎて、これでは満足に歩けまい。あのモーと鳴く辛抱づよい動物とは、とても思えない。

江戸時代の大津は「大津百町《ひゃくちょう》」と呼ばれ、宿場町また港町として大いに栄えた。元禄のころすでに人口一万八〇〇〇人をこえ、東海道のなかでも指おりの大都市だった。東国、北国の年貢米が琵琶湖の水運によって大津の港に集められる。大量の米が湖岸に建ち並ぶ米蔵（蔵屋敷）に納められ、米会所で取引された。

それが京都、大坂へ運ばれていく。関西から西では、牛が馬とともに日常の働き手であり、田を耕すにも荷を運ぶにも、馬と並んで牛が使われた。広重の絵に見るような牛車が街道筋や都大路を往き来していた。それは「うしぐるま」と呼ばれて、生活上にも親しい風景だった。広重の牛車は米俵を山と積んでいるが、正確には九俵どまりと決められていた。馬は三俵である。中型トラックに対して、牛は大型トラックの威力をもっていた。

それで運送業者は馬方の集まりの馬借《ばしゃく》と、牛車の集まりの車屋とのあいだにもめごとが絶えなかったのだろう。大津の米運送に関しては、宝永元年（一七〇四）、大津の馬借が六歩（六割）、

「大津　走井茶店」

京都・伏見の車屋が四歩（四割）と定められた。伝統ある馬方のほうが力をもっていたことがうかがえる。

牛車は大きな二つの車輪をもつ。木の枠に鉄のワッカが打ちつけてあった。とすると疑問がわいてくる。当時の道路はすべて土の道であって、重い牛車が通ると、車輪の分が凹み、いずれ溝《みぞ》ができる。何台も通れば溝が深くなる。雨が降ればぬかるんで、溝はなおも深くなっていく。どうかすると車輪の半分がぬかるみの中に沈みこみ、行くも引くもどうにもならないことにならないか。街道が荒れに荒れて、通行不能に陥らないか。

実際そのとおりで、車輪に巻きこまれてケガをしたり、どうかすると死者が出る。そこから牛車専用の軌道が誕生した。

はじめ大津のあちこちで、奇妙な石を見かけるのがフシギだった。神社の境内、小学校の校門わき、道路の分岐点に囲った一角。四角い石が置いてあって、「車石」の標識がある。型は四角だが、ふぞろいな、いびつな四方形で、特に選んだ石というのでもないらしい。どれもまん中に凹みがある。ゆるやかな丸みをおびた溝。「車輪型石」と彫りこんだのもあった。

大津市歴史博物館で謎が解けた。牛車専門の軌道に敷かれていた石である。東海道の大津〜京都間、さらに伏見への竹田街道、宇治への鳥羽街道にもあった。人馬道《じんば》（歩道）とは別に車道があったわけだ。歩道と車道を区別するのは、現在では当然至極のことだが、江戸時代の半

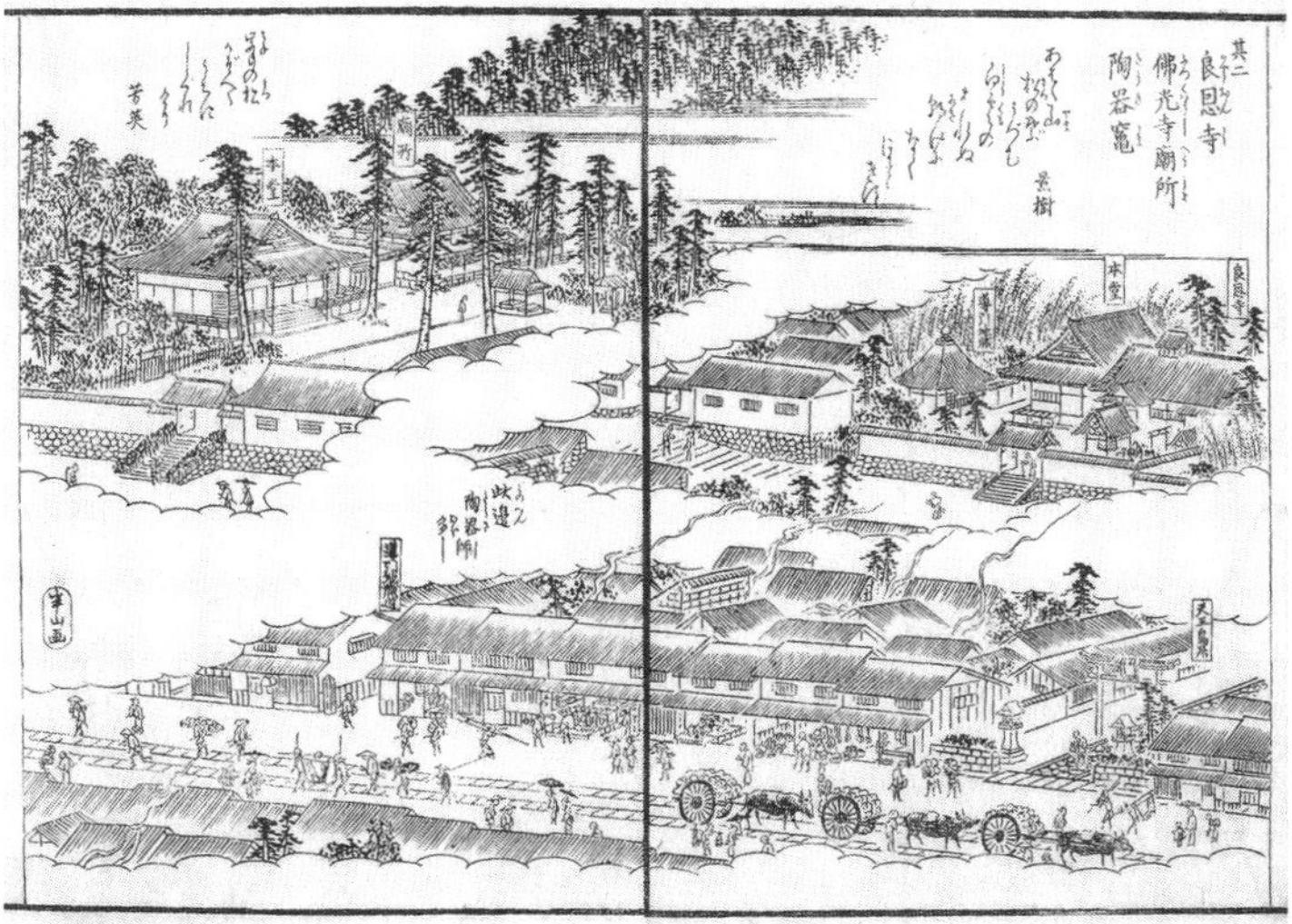

粟田口付近の車道『花洛名勝図会』巻1　元治元年(1864)
京都市歴史資料館蔵

ばにすでにあったとは驚きである。単に区別するだけでなく、段差を設けていて、牛車はそこ以外は通れない。さらにいつのころからか、そこに石が敷かれるようになった。雨でぬかるんだり、泥道と化したりしないように、平らな石を二列に敷いていった。世界的にも画期的な土木工事だったのではあるまいか。

明治になって鉄道網がひろがるとともに順次撤去されていった。石に刻まれたU字型の凹みからして、相当長いあいだ、ゴロゴロと地響きたてて牛車が専用道路を通っていった。京都の入口の東海道粟田口辺りでは、道の西側に町家が建ち並んでいるため、車道が街道の中央を通ることになる。『花洛名勝図会』といった絵図には、二列に敷かれた車道がはっきり見られ、牛たちが次々と米俵を運んでいく。米俵一俵は約六〇キロ、九俵積みは五四〇キロの重量になる。三条大橋は木橋であって、もとよりこんな重量級を受け付けない。牛車は定められた河原から浅瀬をわたって、専用の軌道にもどった。絵図の牛は、勝手知ったるコースを、首をもたげて誇らしげに通っている。

東海道は瀬田川にかかる大橋を渡ると鳥居川村で、ここから川沿いに北上すると琵琶湖畔に出る。石山から粟津の松並木を通って膳所《ぜぜ》に至る。広重が行書版で描いているが、途中の茶屋の名物源五郎鮒鮓《ふなずし》が知られていた。熟《な》れ鮓の一種で、日本最古の鮓とされている。源五郎という漁師が鮒を料理して安土城に献上したのが始まりとか。広重では茶屋の奥で武士が賞味しており、荷物と槍持の足軽二人がつまらなそうに茶を飲んでいる。船便もあることだし駕籠は用なしらしく、駕籠かきが所在なげに突っ立っている。

宿外れには大津絵を売る店が並んでいた。大津宿の製作・販売になる画文で、手書き、または簡単な刷り物として出廻った。瓢箪《ひょうたん》にナマズ、鬼の念仏、弁慶に釣鐘といった画題のなかに、トボけた文句が入れこんである。値も安く、かさばらないので大津土産として人気があった。

広重の隷書版では、何枚か出してもらって思案している人、巻物の形をとった上等を受けとる武士などが描かれている。向かいの店の前では、何が気に入らないのか、向こう鉢巻をした男が片肌ぬいで暴れている。店の女がなだめにかかるが収まらず、番頭が駆けつけたところ。われ関せずで通りすぎる巡礼の俵を背負った人。いつにかわらぬ街道風景である。

京——あがり

ふりだしは江戸・日本橋。あがりは京の三条大橋。橋はまた「はし」でもあって、五三の宿駅を、はしとはしがリボンの先端のようにキリリと結んでいる。

あきらかにコントラストの技法だろう。はじまりの情景と、しめくくりの風景が、対蹠的にちがえてある。ふりだしは、しらしら明けの大名一行の旅立ちだった。どこのお国へ帰るのやら、明けそめる空の下、先頭の槍持はじめ後続の一団すべてに緊張がみなぎっている。橋づめの棒手振《ぼてふ》りにしても、魚市で仕入れたばかり。「アラヨー」の掛け声いさましくとび出していく。

日本橋が画面前方からとらえたアングルだったのに対して、三条大橋は横上空から俯瞰したかたちで、ほぼ橋の全景を収めている。日傘を差しがけた女がいるから、ころはお昼どきだろうか。腰折れぎみの槍持、長持の人足、後続の武士一行にしても、ガヤガヤ、ワヤワヤといったふぜいであって、緊張感といったものはまるでない。茶筅《ちゃせん》売り、被衣《かずき》をかぶった女、欄干に

「京師　三条大橋」

もたれた人、立ちどまり小手《こて》をかざした人。橋全体に、のんびりした雰囲気が漂っている。背後清水山《きよみずやま》から東山、比叡山につづくゆったりした山並みが、そんな雰囲気をつつみこんだぐあいだ。悠長にして雅びやかである。

大津からの道筋を補足しておくと、まず近江と山城《やましろ》の国境《くにざかい》にある逢坂《おうさか》を越えた。つづく山《やま》科《しな》追分には、独特の表記による道標が立っていた。

「みぎハ京ミち　ひたりハふしミみち」

さらに小関越《こぜきこえ》、渋谷越、日ノ岡、天智天皇陵を右に見て蹴上《けあげ》の峠茶屋。そしていよいよ粟田口。京を発って東に向かう人には、最初の一歩だが、京登りの人には最後の一歩であって、あとは三条通りを直進、気がつくと東海道の終点、三条大橋に立っている。全長一二六里六丁一間（約四九五キロメートル）、たいていの人が二週間あまりを費やした。

「京師　三条大橋之図」隷書版

あとがき

数ある街道のなかで、とりわけ東海道が親しまれてきたのは、江戸と京を結ぶ要路であるとともに、道それ自体として優れていたせいだろう。富士山をはじめ、道筋には心おどらせる見ものがいろいろ揃っている。海辺を行き、山に入り、峠を越え、川を渡り、お城下を抜け……世界中さがしても、これだけみごとな旅のコースは二つとなかったのではあるまいか。さらに道中唄というコマーシャルソングが土地の名物をおしえてくれる。宿場には、ひそかなアヴァンチュールのお相手が、おしろいつけて待っていた。

鞠子《まりこ》宿のくだりで述べたが、岡本かの子の小説『東海道五十三次』には、商用でふと東海道に足を踏み入れたのが病みつきになり、それからというもの、道中双六《すごろく》のように行ったり来たりして、どうにもこの街道から抜け出せないという人物が出てくる。その東海道に興味を覚えたのは、いつのことだろう？　ある年のこと、ひとけない旧道を歩いていると、「東海道生誕四百年」の横断幕が掲げてあったから、二〇〇一年であって、それ以前から、おりおり新幹線を途中下車して訪ねていたことはたしかである。ひところは熱が高じて、帰ってくるなり、あらためて地図をひらき、この次は焼津、清水あたりはどうだろう？　金谷から佐夜中山を越えて、日坂《にっさか》のわらび餅。ならばいっそのこと御油《ごゆ》まで足をのばして赤坂へつづく松並木を歩いてこよう――。

毎日のように広重をながめていたこともある。ごぞんじ歌川広重の浮世絵シリーズ「東海道五十三次」。デビュー作にはじまり、人気のおもむくままに、どっさりシリーズをつくっているが、やはりデビュー作に勝るものはない。

浮世絵を鑑賞するのではなく、いたって下世話なたのしみ方だった。宿場ごとの屋根のつくり、旅籠屋の俯瞰図に虫眼鏡をあてて拡大してみる。旅人の着ているもの、食べているときの表情や仕ぐさ。そのうち気がついたが、街道筋に並んでいる家なり宿屋は、西洋画に見るように正面を向いていない。必ずズレて三角になり、そこに天水桶があったり、植木鉢が置いてあったり。よしず張りの茶店の窓にも植木鉢が並んでいる。外に梅の木があって、花が咲いている。そこに梅がたまたまあったわけではなく、しぶ茶を出しているばあさんか、おつれ合いが植えたのだろう。配置の妙がそれなりに考えてある。そんなふうに美術としてではなく「社会」として見ていくと、日本人を考える上で興味深いのではあるまいか。

雨降りの絵なんかにしても、男は上半身はそれなりに雨を防ぐ用意はしても、下はふんどし一つで、はだしでぬかるみを歩いていく。さぞかし冷えただろうし、これでは江戸時代の平均寿命が驚くほど短いのも当然だろうと思うのだが、当時の人々は、べつにどうとも考えなかったようなのだ。

そんなことから二〇一四年、春秋社のPR誌の『春秋』に「東海道五十三次」を連載したとき、タイトルにそえて「表現学的考察」といったものものしい副題をつけた。書くうちに、まだまだ勉強が足りないことが露呈して、一六回つづけたが、おおかたを捨ててまた一から書き直した。

「東海道生誕四百年」の催しごとはあったが、そのわりに盛り上がらなかったのは、東海道の多くがもはや「道」ではなく、たえまなく車のつっ走る幹線になっていて、「お江戸日本橋七つ立ち」——うっかり踏み出すと、トラックにぶっとばされるご時勢であったからだろう。ただ記念年を皮きりにして、旧宿場をもつ市や町で旧道・旧宿保存、復元の気運が盛り上がった。バイパスをこしらえて車をよそに流し、松並木をととのえ、資料館をつくり、歴史的道筋の復元といった事業があいついで発表された。少々遅すぎた感じはしたが、着々と成果を上げたところもある。岡本かの子の小説の男によると、東海道から抜け出せなくなった人間は自分ひとりではなく、お仲間がけっこういるということだったが、たしかにあるころから、ナップザックに地図のコピーをたずさえた、それらしい「東海道人種」と出くわすようになった。

道案内は絵師広重だが、「ふたり」にはべつの意味もこめている。「道の文化史」と称しているが、文化にかぎらず社会、経済、歴史、技術、芸能……なるたけ広い視野から道をながめた。近づいては遠ざかり、ためつすがめつ遠望したぐあいである。なんの気なしに通り過ぎたが、すぐあとでなぜか気にかかり、やおらあともどりして、気がかりなところに佇んでいたこともある。気ままに往きつ戻りつするところにこそ、旅のダイゴ味があるというものだ。

宿《しゅく》ごとに参考文献にあたり、特色に応じてテーマを考えた。五十三次は歩行の旅であって、歩きながら考えるのは、こよなく楽しいことだった。一歩ごとに風景が変化する。連想がふくらんで、連想の糸が、思いがけないことと結びつく。大半は次の一歩とともに忘れていくが、なかには記憶にしみつくこともある。それは忘れる前に書きとめることにした。

若いときなら、一気に五次、十次とすっとばしただろうが、老年の旅には往き迷ったり、行きくれたり、問いかけ、問い直すふたり旅がピッタリだった。旅寝をかさねると、テーマもそれなりに成熟する。念願かなって自分なりのスタイルによる、新しい「道の文化史」ができたような気がする。

春秋社の篠田里香さんに書く約束をしたが、ちっとも取りかからない。一〇年あまりして、しびれを切らした彼女に、会社のＰＲ誌にページを用意してもらったのに、せっかくの連載ながら当人が未熟でダメだという。それでもそれをきっかけにして、一つまた一つと新稿が生まれていった。

第一三番宿・原のくだりでは、沼津在の大澤敏夫さんから、『帯笑園撮録』という、願ってもない資料をいただいた。おかげでうれしい一つができた。名をあげないが、ほかにもいろんな方に助けていただいた。

案内記ではないので五三宿ことごとくを尽くすことはないが、書くうちにテーマがひろがり、取りあげたい宿場がふえていった。その間、美術館学芸員の細萱禮子さんから、さまざまな教示を受けた。強く、やさしい女性お二人のひとかたならぬ尽力のおかげで、この本ができた。ここに心からの感謝を述べておきたい。

二〇一八年一一月

池内　紀

参考文献

岸井良衛『新修五街道細見』青蛙房　一九七三年
宮本常一編著『庶民の旅』社会思想社　一九七〇年
宮本常一『日本の宿』社会思想社　一九六五年
八隅蘆菴『旅行用心集』八坂書房　一九七二年
森川昭『東海道五十三次ハンドブック』三省堂　二〇〇七年
鈴木棠三『日本職人辞典』東京堂出版　一九八五年
児玉幸多『宿駅』至文堂　一九六〇年
大島延次郎『日本の路』至文堂　一九五五年
新人物往来社編『歩きたくなる大名と庶民の街道物語――参勤交代と江戸の旅事情』新人物往来社　二〇〇九年
北見俊夫『旅と交通の民俗』岩崎美術社　一九七〇年
鈴木理生『江戸の橋』三省堂　二〇〇六年
旅の文化研究所編『絵図に見る東海道中膝栗毛』河出書房新社　二〇〇六年
今井金吾『新装版　今昔東海道独案内』日本交通公社出版事業局　一九九四年
柴桂子『近世おんな旅日記』吉川弘文館　一九九七年
シーボルト／斎藤信訳『江戸参府紀行』（東洋文庫）平凡社　一九六七年
ケンペル／斎藤信訳『江戸参府旅行日記』（東洋文庫）平凡社　一九七七年
神崎宣武『江戸の旅文化』岩波新書　二〇〇四年

井上ひさし・山藤章二画『新東海道五十三次』河出文庫　二〇一三年
岡村直樹『時代小説で旅する東海道五十三次』講談社　二〇一五年
帯笑園保存会『帯笑園撮録』二〇一五年
帯笑園保存会『帯笑園案内』二〇一五年

＊

『日本橋絵巻』三井記念美術館三井文庫　二〇〇六年
『江戸の旅　東海道五拾三次展』那珂川町馬頭広重美術館　二〇〇二年
白石克『広重　東海道五十三次――八種四百十八景』小学館　一九八八年
堀晃明『天保懐宝道中図で辿る広重の東海道五拾三次旅景色』人文社　一九九七年
『古地図・道中図で辿る東海道中膝栗毛の旅』人文社　二〇〇六年
中村静夫編『箱根宿歴史地図』中村地図研究所　一九八四年
城一夫『大江戸の色彩展・大江戸の色彩文化年表』大日本インキ化学工業　二〇〇三年

＊

（各種図録・主だったもの）
『旅は世につれ』千葉県立総南博物館　一九九八年
『東海道五十三次宿場展Ⅸ――二川・吉田』豊橋市二川宿本陣資料館　二〇〇一年
『空から見た東海道　五雲亭貞秀展』豊橋市二川宿本陣資料館　二〇〇三年
『参勤交代展』石川県立歴史博物館　一九九一年
『大名の宿本陣展』豊橋市二川宿本陣資料館　一九九四年

『東海道　山の関所・箱根　うみの関所・新居』箱根町立郷土資料館　二〇一〇年
『東海道と新居宿』新居関所史料館　一九九六年
『旅と名所』新居関所史料館　一九九七年
『浮世絵にみる池鯉鮒宿』知立市歴史民俗資料館　二〇〇一年
『木屋江戸日記』私家本　二〇〇一年
『街道をゆく――新選組と幕末の志士』草津宿街道交流館　二〇〇四年
『車石――江戸時代の街道整備』大津市歴史博物館　二〇一二年

なお広重図版の再録は主として人文社版によった。

著者紹介

池内　紀（いけうち・おさむ）
1940年、兵庫県姫路市生まれ。ドイツ文学者・エッセイスト。著書に『ドイツ職人紀行』、『みんな昔はこどもだった』、『記憶の海辺』、『闘う文豪とナチス・ドイツ』、『ゲーテさんこんばんは』（桑原武夫学芸賞）、『海山のあいだ』（講談社エッセイ賞）、『恩地孝四郎』（読売文学賞）などがある。訳書にクラウス『人類最期の日々』、アメリー『罪と罰の彼岸』、『カフカ小説全集』（日本翻訳文化賞）、ゲーテ『ファウスト』（毎日出版文化賞）ほか。

東海道ふたり旅——道の文化史

2019年1月7日　初版第1刷発行

著者©＝池内　紀
発行者＝澤畑吉和
発行所＝株式会社 春秋社
〒101－0021　東京都千代田区外神田2－18－6
電話　(03) 3255－9611（営業）
(03) 3255－9614（編集）
振替　00180－6－24861
http://www.shunjusha.co.jp/
印刷所＝信毎書籍印刷 株式会社
製本所＝ナショナル製本協同組合
装　丁＝野津明子

ISBN 978-4-393-44421-4 C0021
定価はカバー等に表示してあります